JN048301

村本邦子 編

災厄を生きる

物語と土地の力

東日本大震災からコロナ禍まで

国書刊行会

災厄を生きる

——物語と土地の力　東日本大震災からコロナ禍まで

目次

災厄を生きる——物語と土地の力　東日本大震災からコロナ禍まで

CIRCUS

はじめに

二〇一一年の東日本大震災を受け、十年間、毎年、東北四県でプログラムを実施し、被災と復興の証人（witness）になることを目指す「東日本・家族応援プロジェクト」を立ち上げた。この十一年間に二百人を越える立命館大学の教職員・大学院生が関わり、現地では八十ほどの機関と個人の協力を得てプロジェクトを実施し、おそらくは二万人を超える人々がプロジェクトに参加してくれた。そして、そこに数多くの出会いが生まれ育った。

遡れば、二〇〇一年、立命館大学に対人援助学の創造を掲げる新しい大学院がスタートし、中村正、団士郎と一緒にクラスターと呼ばれる共同ゼミを持っていた。大学院生の中には、心理、福祉、教育、医療などさまざまな背景を持つ社会人が多く、それぞれに異なる新しい社会課題を持ち込み、学部を終えたばかりの若い人は私たちに馴染みのない若者特有の関心事を持ち込んでくれた。教員にとっても常に新鮮な学びの場となっていた。終了後には遅い夕飯を取りながら、毎週深夜近くまでおしゃべりした。共通する関心や趣味もあるが、性格がそれぞれ違うものだから、意見が食い違うこともある。それでも喧嘩するでなく、好き勝手に色々なことを話したものだ。ここから多くのものが生まれたが、その最大のものがこのプロジェクトだったかもしれない。

東日本大震災を経験し、そんなおしゃべりのなかで、団の漫画パネル展に対人援助のプログラムをセットして、サーカスみたいに毎年東北を巡業するというアイディアを思いついた。まずはそれぞれの縁を辿りながら、数えきれないほど多くの人の力を借りて体制を少しずつ整え、現地の協力者たちと出会い、一年目、二年目と試行錯誤を続けた。

三年目、大学時代の同級生である鵜野祐介が赴任してきた。専門分野が違うので卒業後の接点はなく、二十数年ぶりだった。鵜野はこのプロジェクトに強い関心を示し、即刻参加を決めてくれた。翌二〇一四年の夏、一緒に第八回みやぎ民話の学校の合宿に参加した。そこで各地の民話の会のみなさんと出会い、以後プロジェクトに多大な協力を頂いている。民話との出会いは初年度の遠野から始まっていたが、人類学を専門とする鵜野が民話への深い理解の道筋をつけてくれた。

四年目、日本平和学会の水俣フィールドワークに参加し、福島のフリージャーナリスト藍原寛子と出会った。福島で重要な活動をしている人々の情報をもらい、早速その年のプロジェクトから訪問するようになった。翌年には避難解除したばかりの浪江町や飯舘村を案内してもらった。以後、福島に訪ねたり、大学に招いたりして、いつも最先端で良質の情報と協力を頂いている。藍原はこのプロジェクトと福島をつなぐいわば媒介者だった。

そんなふうに縁をつなぎながら、プロジェクトは十一年の歳月を重ねてきた。証人としての私の記録は、昨年、『周辺からの記憶——三・一一の証人となった十年』（村本邦子著、国書刊行会、二〇二一）として出版した。本書は、プロジェクトを支えてきた人を中心に、それぞれのテーマを掘り下げる形で十一年を振り返ろうとするものである。

村本による第一章は、東日本大震災の発生から現在に至るまでの東北の変化を俯瞰的に振り返りつつ、本書の中心的テーマとなる物語と土地の力に焦点をあて、「証人になるとはいかなることだったか」を問うたものである。土地に根差して生きてきた人たちは、災厄と苦難の歴史を生き延びてきた物語を持っていた。被災の周辺部から中心部へと旅する私たちは、その人たちの前に他者として現れ、異なる者同士の出会いから新たな物語が生まれ、そこに関係ができた。証人とは一定の距離を保ちながらも当事者であり続けようとする意志であり、災害が往々にしてもたらす断絶を埋め、人々の関係をつなごうとする者であった。

このプロジェクトの中核には家族漫画展が置かれたが、第二章では、団が漫画展を軸に十一年を振り返り、そこから派生した動きについて論じる。漫画展はプロジェクトとともに始まり、私たちよりずっと長い時間被災地に存在し、多くの人々と対峙してきた物言わぬ証人である。偶然出会う『木陰の物語』が見る人の心に響きあうものを見出した時、当事者としての私が引き出される。そして、次の一歩が踏み出されたところに必然が生まれる。そんなふうに私たちの意図を越え、たくさんのスピンオフが生み出されてきた。プロジェクトが東日本大震災を踏み出て拡がっていくさまが見えるだろう。

第三章は、河野暁子による災厄を生きる三陸沿岸の「土着の知」についての論考である。河野とは以前からの知り合いだったが、東日本大震災直後、国境なき医師団の臨床心理士として東北に入ったこともあり、プロジェクトの最初期から毎年現地で会っては情報交換を続けていた。そうこうするうちに東北に住み着き、被災した人々と共に暮らすようになった河野は、狭い意味での臨床心理学の枠組みで支援を考えることに批判的視点を持つようになり、東北の人々の「土着の知」を研究すべく、二〇一八年、博士後期課程に入学してきた。本章では、民俗芸能、お祭り、オガミサマを中心とした災厄を生きる三陸沿岸の「土着の知」が、それを内側から経験してきた河野の眼で物語られる。

鵜野による第四章は、小野和子と「みやぎ民話の会」の活動から「災厄の民話」を〈語り－聞く〉ことの意味について考察するものである。東日本大震災は、これらの活動に被災当事者たち、若い世代の表現者たち、「民話」に関心を持つ思想家たちとの出会いをもたらし、その意味を確かなものとした。すなわち、数々の災厄と向き合い生きてきた祖先たちが、理不尽な現実をどのように受けとめ、立ち向かい乗り越えてきたかを学び伝えることであり、「証人となること」の証しである。物語をただ口移しするだけで事足りるものではなく、命がけで相手に向かい、聞くことを通して、語りと暮らしを丸ごと味わい、語りを若く美しい言葉へと磨き上げて残すことによってそれは成し遂げられるという。

藍原による第五章は、福島の甲状腺がんの子どもたちを取り巻く状況に光をあてようとするものである。藍原は、原発事故を巡る取材を重ねるなかで、声を上げられない人々の存在が気になっていた。本論では、その代弁者であった甲状腺がんの子どもたちと家族を支援する人々のことを取り上げ、福島県県民健康調査の問題や甲状腺がんの子どもたちを取り巻く環境を論じている。そうこうするうちに甲状腺がんになった（当時の）子どもたちが、健康被害を理由とする初の集団訴訟を起こした。藍原が代弁者ではなく「媒介者」という言葉を使うように、支援者は声をあげられない人々とジャーナリストを繋ぎ、ジャーナリストはそれを社会へと繋いだ。そんなふうに繋がれていったことが人々に力を与えた結果であろう。大きな声にかき消されてしまいそうなかすかな声に耳を傾けたいと願う私たちにとっても、藍原はいつもよき媒介者である。

第六章は、河野と村本による原発事故の記憶構築とミュージアムについての論考である。メモリアル・ミュージアムは災厄の集合的記憶構築に寄与するが、原発事故をめぐる記憶はいまだ十分に構築されていないように思われる。キーウにあるチェルノブイリ・ミュージアムでは、原発事故の悲惨さとともに追悼と喪失が強調され、人類普遍のテーマとして扱われていた。それに対し、福島のミュージアムの展示を検証すると、公的なミュージアムでは放射線による人体への影響は不可視化され、環境回復と復興の物語が強調されており、問題が福島に囲い込まれている。原発事故から十年経ったところで、今、個性ある民間のミュージアムが活動し始めている。市民が声をあげていくことで、権威ある大きな声に回収されてしまわない多声的な小さな記憶を共有していくことが求められている。

第七章は、災害看護の第一人者であり、東日本大震災直後、災害医療派遣チームＤＭＡＴ隊員として多賀城市で活動した経験を持つ増尾佳苗が「臨地から学んだこと」を考察する。十年プロジェクトの折り返し地点で『臨地の対人援助学——東日本大震災と復興の物語』（村本・中村・荒木編・晃洋書房、二〇一五）を出版したが、これを読んだ増尾は、二〇一七年、修士課程に入学してきた。活動後、メンタルヘルスに変調をきたした隊員がいたことから、そうならない隊員との違いはどこにあるのかを明らかにしようとした。プロジェクトのメンバーとして多賀城へ行き、ＤＭＡＴの経験を重ねながら修士論文を書いた。明らかになったことは、危機的状況においても、被災者と出会い応答する相互性を根拠に救援活動を展開することが重要だということである。増尾の語る物語が臨場感あふれ、被災者ひとりひとりの姿が眼に浮かぶのは、そこに応答的な出会いがあったからに他ならないだろう。この学びはＣＯＶＩＤ－19に関わる現在の任務においても生きている。突如として災厄に巻き込まれた当事者たちが持つ力と、そこから現場のニーズを読み取って臨機応変に動く災害救援者の力には感動を覚える。

第八章は、中村によるプロジェクトにおける「家族応援」の意味と「お父さん応援セミナー」の取り組みの紹介であり、日常生活のコミュニケーションにおける男性性ジェンダーの作用について論じたものである。日本社会において家族の存在感は大きく、危機状態では家族に過度な負荷がかかり、暴力や虐待という形で脆弱さが露呈しやすい。鍵を握るのは男性性ジェンダーであり、それは日常生活のコミュニケーションのなかに潜んでいる。セミナーでは、男性のコミュニケーションワークを通じて問題意識を喚起し、参加者自身の変容とともに、参加者が身近な地域の男性たちに働きかける者となることを狙っている。危機において家族を閉ざさないためにも、日常の地域ネットワークを強化する必要がある。災害は固定化しがちな地域システムに入るチャンスであり、地域に働きかけるためには家族というシステムを媒介にすることができると言えるだろう。

第九章は、プロジェクトに参加した大学院生たちの学びを分析したものである。プロジェクトを主導した教員である村本と、プロジェクトをまったく知らない宮崎が、百六十九人の院生のアンケートをそれぞれ分析した。参加院生たちは、被災と復興の証人としての学びと対人援助職者としての学びを得、専門性を脱構築するとともに協働構築しながら、学びの共同体のなかで体験の物語化を行い、当事者性を確かなものにしていった。これは課題への無関心や無力感、罪悪感を抱える対人援助職者とその卵が、被災当事者と出会い双方向的な関係のなかで対人援助の営みを行えるようになるための専門職養成の肝に関わることである。宮崎は二〇一九年に博士後期課程に入学し、別テーマで博士論文を書き修了しているが、質的研究を得意とし、プロジェクトとは無関係だったことから分析を依頼することにした。宮崎が大学時代、私の息子のライブイベントを手伝ってくれていたことを知ったのはずいぶん後になってからだった。知らないところで人と人はいったいどれほどつながっているのだろうかと考えさせられた。友達の友達を辿っていけば六人までの間に世界中の人が皆つながるという「六次の隔たり」仮説があるが、本当は気づいていないだけで、「赤の他人」などおらず、他人事などというものはあり得ないのかもしれない。

危機は人々の団結力と一体感を高める。助け合うことは困難を生き抜く人々の知恵である。しかし、そこには緊密なつながりとしがらみがある。一方、物質的な豊かさや便利さは、人をバラバラにする代わりに、それぞれが個別であることを保証する。大災害は抗いがたい大きな力でもって、強固な伝統的システムの境界線を壊し、バラバラだった人々を吸引する力を持つ。運命に翻弄され無力感に打ちひしがれる時、人間の傲慢が最小限となり、多種多様の縁起に開かれるのだろうか。災厄によって集合的次元がパクッと大きな口を開けるとき、次々と不思議な偶然が起こり、必然が象られていくようだ。そこに私は個を超えた集合的意志のようなものを感じるのである。

上述した第八回みやぎ民話の学校の合宿に参加した時、たまたま遠野の語り手である大平悦子さんと同室になり、夜、お話をせがんでひとつ聞かせてもらった。それは「見るなの座敷」とよく似た話だったが、結末は違っている。旅の途中、暗くなって歩けなくなった娘が大きな屋敷に泊めてもらう。主から三つの部屋を決して開けないようにと言われたのに、好奇心からつい開けてしまう。一部屋目の花畑に心躍らせ、二部屋目のほっぺたが落ちそうな「あらね」（すぐりのような実だろうと言われている）を食べ、最後の部屋で泉の酒を飲んで酔っぱらって寝てしまったところに主が帰ってくる。私が知っている話では、ここで鶯が飛んでいき、娘は一人野原にポツンと寂しく放り出されるのだが、大平さんのお話では、過去に扉を開けた他の娘たちとは違って、この娘が扉を開けると、花はさらに咲き乱れ、「あらね」がたわわに実り、酒の泉はこんこんと湧き続けるのである。主は、「これこそ本当の縁があるということなんだから、よかったら一緒になってくれ」と二人は結婚し、仲睦まじく暮らしたという。大平さんのお話に耳を傾けていると、まるで目の前にお話の光景がポッと浮かび上がり、匂いや味まで追体験するようで幸せな気分に包まれて眠りについた。この時、すっかり民話の力に魅せられた。ずっと後になって、このお話には「縁は異なもの」という題がついていることを知った。よくよく考えてみれば、この話はまるでこのプロジェクトのことを暗示しているようではないか。このプロジェクトは、通常勝手に開けるべきではない扉を厚かましくも開き、そこに見つけた素晴らしいものを厚かましく頂きながら、結果としてそこに悪くない影響を及ぼした。それはまさに縁があったからに違いない。扉を開けなければ、何も起こらなかったのだ。

現地の方が「東北と関西の人びとを繋いだこの活動は、私にとっても貴重な体験となりました。

初めはよくわかっていなかったのですが、だんだん全体が見えるようになってきました。プロジェクトを中心にネットワークが拡がり、人と人のつながりができていったことは、とても重要なことであると思いました。どれだけ苦しんでいた人々が救われ、また輪が広がることで他の人々も救われたことか」と言ってくださったが、そうやって得られたご縁をよきものとしてつないでいくことができれば、抗いがたい災厄を生き抜く力につながるのかもしれない。

東日本大震災から十一年が過ぎ、被災と復興の大きな物語が形成されつつあるが、それのみに依存することは、そこからこぼれ落ちる人々の排除と分断を生む。唯ひとつの大きな物語に呑まれてしまうことに抵抗し、一人一人の小さな声を重ね合わせていくことで集合的トラウマの記憶を多声的に物語化していきたい。証人になるとは、ともに生きる時代に起きた大きな出来事に対し、それぞれがそれぞれの立場から自分ごととして関わり、その経験を物語り、意味づけ、他者と共有できる記憶にしていくことである。本書はある意味で、プロジェクトに縁のあった著者たちによって語られる被災と復興の物語である。喪失と悼みの小さな分有、イマジネーションを拡げることで想定外を減らし、これからも次々に襲ってくるであろう災厄を生き抜く力をつけたい。この本からまたあらたなご縁が生まれることを願って。

村本邦子

第一章

被災と復興の証人になるとはいかなることだったか

——東北の土地の物語十年を振り返る

村本邦子

東日本大震災から十年目を迎えた二〇二〇年、私たちはコロナウイルスという災禍に襲われた。二〇二二年四月現在、先行きはまだ不透明である。このパンデミックを歴史の記録として残したいと思ったが、これがなかなか難しい。自分もその只中にいるために、距離が近すぎて、俯瞰的に全体を捉えてみることができないのだ。身近なところで感染した人や亡くなった人がおり、これから自分が感染し、誰かに感染させないとも言えない。まるで、どこに危険が潜んでいるのかわからない森の中に迷い込んでしまったような感じだ。そこにウクライナ戦争である。原発を占拠され、世界の未来はますます不穏な空気に包まれている。こんな時だからこそ、確かなものに立ち返りたい。

東日本大震災から、「被災と復興の証人になる」と、毎年、東北四県を訪れ、現地の人々と関わり、その土地を歩き回って見聞してきたことを記録してきた。今回あらためて、距離のある所から年に一度だけ行くからこそ見えるものがあったことを痛感している。この十一年間を振り返り、自分たちがしてきたこと、そこから次につなげることのできる成果をあらためて考えてみたい。

一　証人としてのはじまり

最初に衝撃があった。地続きの大地が揺れるのを自分の身体で経験し、その後に次々と繰り広げられていく報道の惨状に震えた。直接的に大きな被害を受けなかった人も、あの揺れを経験した人なら、決してそれを他人事とは思えなかったことだろう。だからこそ、たくさんの人が自分にも何かできないか、ボランティアに行こうか、せめて募金でもと考えた。とくに、都会で便利な生活を営みながら、いつの間にか五十四基もの原発が作られていたことを認識していなかった自分は、無関心という形で加害者側にいたことを知り、悔いた。戦後復興が経済効率に照準を合わせてきたことの過ちは、バブル経済の崩壊で露呈し、完全に底をついた。日本というシステムは、根源的な問い直しの必要に迫られている。これ以上、無関心ではいられないと思った。

一九九五年の阪神淡路大震災では、私自身も死を覚悟する経験をした。一週間後に被災地に入り、毎週、ボランティアに通った。世界が歪み、傾いた瓦礫の中で感じた眩暈、戦場のような被災地から気楽で自堕落にさえ思われる日常に戻る時の吐き気は、自分の身体にしっかりと刻み込まれたはずなのに、半年が過ぎ現地に通わなくなると、その感覚はだんだん薄れ、表面しか見えなくなっていった。それは、自分にも関わりのあったはずの被災体験を自分から切り離すことだったかもしれない。今回は、細くとも長く十年間、関わり続けてみようと決意した。

問題は、どのような形で被災地に入るかである。東日本大震災では、自治体職員、医療関係者などさまざまな専門家集団が組織的、計画的に被災地に入る一方、個人でむやみやたらとボランティアに行って現地に迷惑をかけてはいけないという警告が発せられていた。ちょうど大学の社会貢献についても議論されており、「対人援助学の創造」を掲げて開設してから十年目を迎えた私たちの大学院でも、何かできないかという声が上がり始めていた。被災地まで距離があり、長期にわたる滞在に無理があるとすると、可能なのは対人援助のなかでも後方支援だろう。被災地の支援者や余力のある人たちを応援することで、間接的な支援になるといい。被災地に協力機関を見つけ、その土地の人々のために協働する形を考えた。具体的に何をするかであるが、まず、「心のケア」は選択肢からはずした。阪神淡路大震災の時に、西洋由来の心理療法の形は、それを求めてやってくる人たちに対しては有効であっても、こちらから地域に入っていくには馴染まないことを痛感していた。人々の生活の中に自然に出会える装置があって、共に心地よいひと時を過ごすことができればそれでいいし、何かできることがあれば、やればいい。細くとも長く続けるためには、自分たちが楽しめること。苦行は長続きしない。

自分たちが持っている資源は何かと考え、出たアイディアが団士郎家族漫画展だった。こんな時こそ、家族についてあれこれ考えてもらうのもいいかもしれない。物語は回復の鍵となるだろう。展示であれば、私たちがいない間も存在感がある。支援者向けのセミナーや親子のためのプログラムをセットして、これを「東日本・家族応援プロジェクト」と名づけることにした。舞台には図と地がある。図であるプログラムでは地域にとって意味ある装置として機能することを目指すが、背景の地の部分では、テーマを持つ舞台から拡がっていく役割を越えた関係が生まれるだろう。

被災の大きさを考えれば、その程度のことで支援などできるはずもない。そもそも動機は、居ても立っても居られない自分たちの側にある。被災者を助けるというより、私たちが現地に入ることに許可を得て、被災と復興のプロセスをほんの少し共有させてもらえたら。被災地を訪れ、人々と顔の見える関係を結び、それぞれが生きてきた人生の豊かさとともに、被災がもたらした影響、それを生き延びている今を記憶する。それを自分たちの日常に持ち帰り、被災地とそうではない土地を地続きのものとして橋渡しすることができたらと思った。距離があるから見えないこともあるが、距離があるからこそ見えることもある。時間がたっても忘れることなく関心を持ち続け、被災地の人々がそれぞれなりの復興の物語を創っていく過程を見守ることができたなら、私たちも私たちなりの復興の物語を創っていけるだろう。これを「被災と復興の証人になる」と表現した。

ラファエロ（一九九五）は、地域社会を襲う災害を池のなかに投げ込まれた石になぞらえている。波紋は地域社会全体に拡がり、さまざまなところに時間的にずれて到着し、影響を及ぼす。今回の場合、石は巨大であり、時間差をもって、あちこちに投げ込まれた。それぞれの中心から拡がった波紋が互いに影響し合い、増長し複雑化している。地震、津波、原発事故という複合災害の重なり合いを俯瞰できるよう東北四県に定点を定め、十年間、毎年決まった時期に訪れることを決めた。

二　足場をつくる

ボランティアの津波

初めて東北に入ったのは九月、震災から半年近く経ってからだった。青森県むつ市でのプロジェクト開催に合わせ、事前調査をしながら宮城と岩手で協働してくれそうな先を探し回った。沿岸部には行かなかったので、テレビで見るような被災状況を眼にすることはなかったが、人々の興奮状態と混乱を間近に感じることになった。

宮城にしても岩手にしても、沿岸部の多くがほぼ壊滅状態となり、人的資源もインフラも甚大な損傷を受けた。そのため、ある程度機能が残るインフラを頼りに多くの支援が入ったが、それを有効に活用するシステムを確立することはきわめて困難だった。支援物資が避難所に山と積まれ、人数と個数が合わないなどの理由から必要な人に届かなかったり、必要とされるものが刻一刻と変化するため、すでに不要になってからたくさんのものが届いたりというようなことが起きていた。通常の行政システムだけではうまく回せないなかで、柔軟性と決断力を備えるリーダーシップを発揮した自治体職員もいたし、組織運営のノウハウを持つ個人や民間機関が行政の隙間を縫うように活躍してもいた。被災者にとって苛酷な状況だったが、自ら被災しながら支援する側に回り、人々のやり場のない感情の的となった自治体職員たちはさらに苛酷な状況でもあった。

その一方で、大災害による高揚感もあり、アクセスのよいところにたくさんのボランティアが押し寄せ、被災地では津波にたとえられていた。二〇一一年のボランティアは、各市町村社会福祉協議会に設置された災害ボランティアセンターを通じて活動した人だけでも九十六万人近くに上ったという。仙台では、関東からあらゆる種類のイベント企画が持ち込まれ、会場に使えそうな所は翌年まで満杯状態だった。支援は必要だし、厚意を無にできないところから、ありがた迷惑だと言うこともできない現地のジレンマと困惑があった。いわずもがな自分たちもその一部である。

岩手県遠野市はライフラインやインフラが機能しており、沿岸部各地まで日帰り可能であるところから、全国のボランティアを受け入れる中継地となっていた。沿岸部ではボランティアの受け入れ体制を作ることが難しく、現場の負担は過大なものだったが、遠野に評判のボランティアセンターがあった。全国からボランティアが入れ替り立ち替わりやってきては、毎晩、誰でも参加可能な会議があって、需要と供給のマッチングができれば、すぐに活動開始となる仕組みになっていた。私たちも前夜に電話を入れ、責任者という人にアポを取り、約束の時間に訪ねたが、誰もその人の名前を知らなかった。その場で対応してくれた人に十年プロジェクトだと言ったら、「一週間後のこともわからないのに、十年なんて！」とあきれられた。たしかに翌日の約束さえ成り立たないのだ。半年経ってもそこはまだ緊急時にあり、自分の言葉がいかに突拍子もないものだったかを思い知らされた。初年度は、宮城でのプロジェクトはあきらめ、岩手では遠野市の協力を得ながら自力で行うことにした。

安定した足場としてのむつ

青森県むつ市は、プロジェクト最初の開催地だった。「被災地でないのになぜ？」という質問をその後、何度も受けたが、県境で被災県かそうでないかを決めるのは奇妙である。阪神淡路大震災でも経験したことだったが、非被災県のある場所が被災県のある場所よりも被災の程度が大きいというようなことはいくらでもある。そもそも漫画展企画のアイディアが生まれたきっかけの地だったし、むつ市を最初の開催地にしたことは、結果的にとても良い効果をもたらした。震災の影響を受けているとは言え、半年経ってある程度落ち着きを取り戻していたし、何よりすでに関係があってこちらの意図を理解してもらいやすい人が世話役を引き受けてくれて、日常的に地域の家族支援を行っているむつ市児童相談所が協働を約束してくれたことの意味は大きかった。他所では開催そのものに大きなエネルギーが求められ、がっかりすることも少なくなかったが（もちろんこちらの側の問題である）、ここでは、私たちが思い描いた装置がどんなふうに機能するのか試行錯誤することができ、大きな手ごたえが感じられた。何より、被災のグラデーションをよく理解できる地だった。むつを訪れる前に読んだ鎌田慧・斉藤光政（二〇〇一）『ルポ下北核半島〜原発と基地と人々』（岩波書店）は衝撃的だった。下北半島が原発と密接に関わっていたことは偶然だったが、その後、福島の問題を考えるうえでも重要な意味を持っていた。

中継地としての遠野と初めての沿岸部

宮古、釜石、大船渡、陸前高田など壊滅的な被害を受けた沿岸部に対し、遠野は沿岸部と内陸を結び交易拠点として発展した経緯から、相互扶助の意識が高く、沿岸部に車で一時間という条件にあり、震災直後から後方支援の中継地となっていた。私たちも、まずは遠野に足場を置き、今後の方向性を模索することにした。

十一月、プロジェクト開催のために遠野を再訪した折、遠野文化研究所主催の「遠野文化フォーラム―文化の力で元気な町を」に参加した。文化と復興という切り口は当初私の頭になく、これも偶然だったが、結果的にその後のプロジェクトを牽引するものとなった。直接、現地に行って出会う予期せぬものがどれほど重要な意味をもたらすことか。もちろん、こちらの側にその意味を受け入れる開かれた空き容量が求められる。『遠野物語』や宮沢賢治の世界観、傾聴ボランティアとの出会いなど、思いがけず大きな出会いがあった。

もうひとつ印象深かった出来事は、漫画展をやっているギャラリーに入ってきた女性グループのことである。そのうちの一人が、「少しは忘れられるかと思って来たのに、私、無理」と言って立ち去った。じっくり見ていたひとりが後で話してくれた。彼女たちはもともと仲良しグループで、宮城県の亘理で被災し、家を流され、避難所に暮らす人もあるという。ようやく少ししゃんとしたので、気分転換に旅行でもしようとやって来たのだそうだ。そうやって選ばれたのが遠野だった。震災から八ヶ月、避難所から友達と旅行するという行動選択があると知ったことには勇気づけられ、グループのそれぞれが個別に選択し、行動していることに頼もしさを覚えた。被災や被害を受けた人々にとって選択は重要な要因だ。見る、見ないをそれぞれが選べるのは漫画展の強みだった。そして、漫画展は期待どおり出会いの舞台になってくれていた。

夕刻、初めて沿岸部に行った。今から考えると、そこは陸前高田と大船渡だった。薄暗く寂しい山間の国道を川沿いに車を走らせ沿岸部に出ると、広大な空き地に山のような瓦礫、見るも無残な建物の廃墟、自動車のスクラップがあった。車のナビはそこに街があったことを示していた。人家が並んでいたであろう所には、瓦礫の端から片方だけの運動靴やつぶれたカセットテープ、子どものおもちゃが散乱していた。薄暗がりの中に、生きた街や子どもたちの姿が浮かびあがるようだった。さらに車を走らせ、行けども行けども茫漠と拡がる空虚のなかに恐る恐る下り立つと、駅舎の土台とホーム、切れた線路しか残っていない駅があった。地盤沈下で沼のようになった街跡には、あちこちに小さな花が哀しげに咲いていた。上半分を巨大な力でねじり取られたような木の幹が、美しい夕焼けに包まれて立っている。まるでSF映画に出てくる異星の風景のようだった。これが三陸沖沿いに延々と続いているのだ。いったいここからどうやって復興していけるというのか。眩暈がして、あっという間に暗闇が訪れた。

土地勘のない被災地に目的なく入って動き回ることに躊躇があったが、この時、誘われて行っておいてよかったと思う。公共交通機関を使って釜石に行った大学院生たちも、津波に襲われた跡地に悲しさや寂しさや怒りを聴き取り、出会った高校生の笑顔や夜の道路の渋滞、真っ暗な空に上がる煙突の煙、オープンしたての看板に復興の息吹を感じていた。肌身で感じる言葉にできないあの感覚は、その時そこにわが身を曝して初めて感じ取れるものだった。それを身体に刻むことは、当事者性を象る中核になるだろう。と言っても、それは八ヶ月後の被災地だった。直後に沿岸部を訪れた人たちから聞いた、誰もが「地獄」と形容する怖しい光景からはすでに大きな隔たりがあった。

不確かさに包まれた福島

十二月、初めて福島に降り立った。地震、津波の被害が大きかった沿岸部は、原発事故の影響もあって足を踏み入れることができない。インフラが残っている福島市では、児童相談所とＮＰＯ法人が協力してくれることになっていた。福島市は福島第一原発から六十キロ離れているものの、放射能被害は大きく、多くの避難者を受け入れる一方、少なからぬ自主避難者を出すという矛盾した状況にあった。すでに日は暮れ、駅前はイルミネーションで飾られ、人々が行き交っていた。一見、ふつうのクリスマスのように見えなくもないが、「本当のところ、いったいどのくらいの放射能があって、どのくらいの影響を受けるのだろうか」という不安はぬぐいきれなかった。漆黒の闇のなかで自らの身体の輪郭がわからなくなってしまうように、不確かな不気味さの中で自分をどこに位置づけていいのかよくわからなかった。

クリスマスカレンダーを作るワークショップでは、子どもたちの数より多い保護者がまわりを囲み、我が子から片時も眼を離すことなく見守るなかで、子どもたちは一人残らず行儀よくカレンダー作りをしていた。楽しそうな表情をしていたけれど、ある意味で馴染みのない光景だった。福島の家族の多くは週末ごとに県外へ出て、子どもたちを外で遊ばせるのだという。市内に安全な公園があっても、ホットスポットが散在しており、子どもだけで外に出せない。学校の校庭や公園では除染が行われ、一旦放射線値は下がったものの、秋の落葉で再び上昇した。危機的な不安のなかで家族の一体感が高まり、子どもたちも親の視線の外に出ないよう抑制された状態にあった。

やるせない声をたくさん聴いた。避難する人々がいるなか、仕事への使命感から留まることを選択したものの、我が子は大丈夫なのか。夫が地元の農産物に関わる仕事をしているのに、スーパーで思わず会津産のものに手が伸びる自分に気づく。結婚式が続いて久しぶりに幸せな気分になったが、出産となると手放しで喜べない。放射線量を測りに来た専門家は、仰々しい防護服で仕事を済ませ、「早く帰って体を洗おう」と言いながら、普段着の自分たちに「基準内ですから大丈夫ですよ」と宣う。保護者から「本当に大丈夫なんでしょうか？」と尋ねられても、「安全基準ですから、大丈夫ですよ」と答えるしかないが、本当のところ確信なんて持てない。毎日笑顔で対応し、陰で泣く。心の中には黒い思いが渦巻いていても、おいそれと不用意な発言はできない。「王様の耳はロバの耳」のように、穴を掘って叫びたい。

福島の状況は、他の被災地とはまったく異なっていた。漫画展の感想ノートには、とりわけ人々の思いがあふれ出ているように感じられた。目に見えない大きな破局に呑み込まれてしまった人々は、本当に大切なものは何なのかを問いながら、深く哲学していると思った。

三　十年の変化をたどる

地震・津波被害を受けた沿岸部の変化

二〇一二年二月、東日本大震災から十年の期限付きで復興庁が設置された。二〇一六年三月までを「集中復興期間」とし、避難所から仮設住宅、災害復興住宅の整備など避難者の支援、災害廃棄物の撤去と処分、海岸対策や復興道路、街づくりなどのインフラ整備、産業や生業の再生に取り組んだ。その後は「復興・創生期間」とされたが、二〇二〇年に十年の延長が決まり、現在は「復興・創生期間」の第二期となっている。今なお大きな課題が残されているのが福島県だが、福島の沿岸部については、後に取り上げる。

二年目のプロジェクトは、むつと福島のほか、宮城県の仙台と多賀城、岩手県の遠野と大船渡で開催し、三年目以降は協力機関も見つかり、多賀城、宮古で開催地を固定した。フィールドワークとして周辺の地にも足を運び、沿岸部が大きく変化していく様を目撃してきた。初めの頃には、一面の空き野原に一階はがらんどうで二階に人が住んでいる気配のある家や、四階まで窓が破れ筒抜け状態で五階はそのまま残っている建物など、津波被害を物語るものがポッリポッリと残っていた。クレーン車が建物の残骸を壊しては集め、瓦礫の山には草が生え、そのうち丘のようになっていった。海に近いところでは地盤沈下で泥沼になり、潮が満ちると水没するところから嵩上げ工事が始まっていた。住居の高台移転や嵩上げ工事のために山が切り崩され、造成工事が行われた。工事現場には大きなトレーラーやトラックが出入りし、作業員の宿舎であるプレハブが積み木のように並び、近くにはピカピカのコンビニができた。二〇一四年頃には、すっかり瓦礫はなくなった。災害廃棄物の撤去と処分に関して、岩手も宮城も二〇一四年三月で百パーセント完了と報告されている。

市街地復興の方針としては、現地再建、嵩上再建、新市街地整備、嵩上再建と高台移転の四パターンがあった。大槌、陸前高田、女川、南三陸では市街地の大半が流出し、庁舎や公共施設、商業施設の大半が被災し、都市行政機能が壊滅した。沿岸部集落はどこも甚大な被害だったが、市街地については、山田、石巻、気仙沼などの大規模被災、宮古、釜石、大船渡などの一部損傷、仙台市、多賀城などの比較的軽微と違いがあり、被害の大きかった箇所では嵩上げと高台移転、浸水のみの箇所では現状復旧が基本とされた（広田、二〇二一）。集中復興期間が終わる二〇一六年三月時点で、九十九パーセント着工、四十五パーセント完了と報告されている。陸前高田には全長三キロの巨大ベルトコンベアが作られ、高台造成で出た土を運び、海抜十メートルまで嵩上げして、区画整理が行われ、新しい街が作られた。まるで巨人が砂場遊びをしているようだと思った。そうしてできたピカピカの新しい街は、どこも同じ顔をしていた。田老沿岸部で家ごと流された人によれば、避難所生活が三ヶ月続き、半年後に仮設住宅に入ったが、五年半をそこで暮らし、高台に自宅再建できたのは二〇一七年だったという。宮城で仮設住宅が終了したのは二〇二〇年四月、岩手では二〇二一年三月である。もちろん、それですべての被災者が安心して暮らせる住居を得たということを意味するわけではない。

東北へ通うたびに復興道路は延び、移動が楽になっていった。二〇二一年末には仙台－八戸の自動車専用道路である三陸道三百五十九キロが全線開通し、震災前と比べ三時間以上短縮された。三陸鉄道は少しずつ運転を再開しては人々を勇気づけ、二〇一四年四月に全線復旧させた。さらに、二〇一九年三月、復旧の目途が立たなかったJR東日本山田線の宮古－釜石間が三陸鉄道に移管され、リアス線として開通した。JR東日本の気仙沼線、大船渡線は、それぞれ二〇一二年八月、二〇一三年三月に、BRT（バス高速輸送システム）を導入した。何度か乗ったが、一部専用道路を走るが、基本的には元の鉄道路線を走るので、遮断機の中をバスが走り、駅のホームにバス停留所がある不思議な乗り物である。BRTは今後、東京でも導入されるということだ。

復興の看板のもとで沿岸部の風景はみるみる変わっていった。最初の頃は、どこからも美しい海が見えていた。二〇一三年、初めて宮古や大槌に行った時、海辺で釣りをしている人々の姿に驚いたものだ。二〇一五年十一月、三陸鉄道に乗って、赤や黄色に色づく山々と輝く海の美しさにわくわくしながら、南から北まで海岸沿いに延々と続く防潮堤の工事が気にかかった。総工費一兆円をかけた巨大防潮堤の工事は、海岸対策として二〇一八年三月段階で半分近くが完了、今なお進行中である。地域住民のなかに葛藤や軋轢を生みながら四百キロ近くに及ぶ防潮堤が築かれている。

あらたな農林水産業における商品開発やブランド化、エコツーリズムなどの取り組みも進められているが、人口減少と高齢化のもとで後継者不足、労働力不足の問題もある。途方もなく大きな喪失を呑み込み、東北沿岸部はたった十年のあいだにみるみる変わっていった。被災によって時計が早く回るようになっただけで、いずれ起こる変化だったとも言われる。あらためて人間の力は大したものだと驚かされる一方で、小さな一人の人間の思いはとてもその変化についていけない気がしている。

福島の変化

福島は、太平洋に面した浜通り、中央に位置する中通り、会津の三つの地方に分けられる。原発が立地するのは浜通りだが、第一原発のある大熊と双葉、第二原発のある富岡、楢葉、その周辺と隣接する浪江などの住民およそ十万人が、震災直後に政府の避難指示を受け、着の身着のままで避難した。その後、飯舘、川俣、南相馬の一部も計画的避難区域となった。避難指示は同心円状に半径を拡げながら六回にわたって出され、さらに区域再編が重ねられて、二〇一三年八月までに、「帰還困難区域」「居住制限区域」「避難指示解除準備区域」の三つになった。そして、除染やインフラ整備とともに避難指示は段階的に解除され、二〇二〇年三月には、「帰還困難区域」以外はすべて解除された。さらに「帰還困難区域」の一部も解除され、「特定復興再生拠点区域」の整備が進められている。これに伴い、県内外への避難者数は、二〇一二年の十六万五千人をピークに、二〇二一年三月で三万六千人とされる(資源エネルギー庁)。もっとも実態把握は困難で、実際には六万から七万人になるだろうとも言われている。

避難指示の出ている地域に入ることはできないので、二〇一四年まではおもに福島市内で活動した。街中にモニタリングポストが立ち、天気予報とともに放射線量が報じられるのが日常になった。二年目の福島はまだごく一部しか除染が進んでいなかった。学校は真っ先に除染されたものの、給食をどうするか、プールはどうするかなどは親の判断に任され、考えの違う人々の間に気まずさや分断が生まれていた。プログラムで見る子どもたちは、初年度と違ってのびのびしており、「自分たちはここで生きていくのだ。そのなかで精いっぱいやっていこう」という大人たちの覚悟が感じられたが、「外からはこんなに放射線が高いところにいてと言われるが、私たちはここで暮らしている。外の人は心配しているつもりでも、心理的に圧迫される」と、複雑な思いを抱えていた。

逆に、京都で避難者向けに開催したプロジェクトでは、参加者のほとんどが母子避難者であり自主避難者で、日々、「自分の選択は正解なのか、間違いなのか?」と悩んでいた。子どもたちが辛い思いをし、避難で失ったものが大きければ大きいほど後悔は強くなるが、帰ることには躊躇と不安がある。放射能に関する正確な情報が得られないまま、選択の責任をすべて個人で背負わなければならない。避難指示の有無と解除は、時間経過とともに避難者の自己責任の色合いを濃くしていった。

街中で除染作業を眼にするようになった。アスファルトの表面をホースで洗い流し、草むしりをするという原始的なものだ。作業員によれば、水圧で放射線を浮かして吸い取り、安全なアルミにくるんで土に戻すという。除染が追い付かず、住民自ら家の瓦を雑巾で拭いていた。自宅で出た除染土は自宅で保管することになっていて、庭に埋めたり、軒先に置かれたりしていた。普段は忘れていても、ふと窓の外に黒い袋が見え、「ああそうだった」と思う、そんな日常と非日常が同時進行しているという。

福島の支援者たちからは、「私たちはいったいいつまで支援されなければならないのか」「支援と言って来られても、こちらが状況を一から説明しなければならないのは負担だ」「福島を支援するというより、福島のことを学び、一緒に考えてほしい」という声を聞いた。これまで被災とは関係なく支援者支援を行ってきたが、福島の人々の先の見えない苛立ちを感じると同時に、たしかに被災地以外では急激に情報が減っているため、常に自覚的に情報収集して現地に赴かなければならないし、学びに行くという姿勢が必要なのだと心に刻んだ。

二〇一四年、ボランティアとして福島にある仮設住宅での学習支援に参加した。浜通りから避難してきた子どもたちは、ここにたどり着くまでに避難所を転々として、五回も六回も転校し、友達とも離れ離れになっていた。初めの頃は混沌として学習どころではなかったが、少しずつ落ち着いてきたという。その夜、四畳半二間の仮設住宅に四人で宿泊させてもらったが、一夜ならまだしも、ここに暮らす四人家族にはプライバシーもなく、子どもが勉強するスペースもなく、その苛酷さを思った。

避難解除とともに

二〇一五年六月、政府は二〇一七年三月までに「帰還困難区域を除いた」区域の避難指示を解除するという新たな復興指針を出した。避難指示が出ていた土地にも徐々に入れるようになり、二〇一五年夏、浪江や飯舘村を案内してもらった。誰も住んでいないが、原発関連の車や人は多く、田畑だったところにフレコンバッグが二段三段と重ねられ、緑のカバーで覆われていた。福島第一原発から十四キロの「希望の牧場」は、警戒区域の家畜を殺処分するという政府の決定に抵抗し、三百三十頭の牛の世話をし続けていた。

二〇一七年三月末、川俣、飯舘、浪江、富岡など避難指示解除準備区域が解除され、町を巨大化した動物が闊歩しているという。原発二十キロ圏内の町を訪ねると、そこにも警戒区域で動物の世話をしてきた人たちがいた。警戒区域に留まり続けた人、原発労働者として毎日出入りしていた人である。突然の避難指示に、飼い主たちはペットを置いて行かざるを得なかった。そこに動物愛護団体が入り、警備員の眼を盗んで大量のペットフードを持ち込んだ。地震で壊れた家の中にどさっと投げ入れ、それを猪やハクビシンが食べた。栄養価の高い餌に動物たちは巨大化し、人家に住みつき、繁殖して、我が物顔で町を闊歩していた。そこに人が帰る。動物に荒らされ、ひどく臭い家には住めないと家を建て替えても、動物たちはやってくる。野生と人の境界がなくなった。

十二月、世話してくれる人があって、浪江でもプロジェクトを開催した。浪江は全町避難で二万人以上が避難し、一部だけ解除された。九月に開通した帰還困難区域にあたる一一四号線を走ると、幾度となく放射線測定器の警戒音が鳴った。二輪は通行不可で、出入り口には守衛が駐在しているが、彼らは大丈夫なのか。道路沿いには除染土を詰めたフレコンバックの山と塀が並び、浪江と飯舘・葛尾を結ぶ三九九号線の一般車両通行止めは続いていた。原発から五キロの請戸地区へ行くと、小高い丘に共同墓地があり、真新しい慰霊碑があった。人がいなくなった土地では、時間が止まった。震災の翌日の撤退指示で救助活動ができず、餓死だった人も少なくなかったという。海の方には、ぽつりぽつりと壊れた建物が残っているほか、何もない茫漠たる光景が拡がっていた。震災後一、二年、あちこちの沿岸部で見かけたが、いつのまにかすっかり見なくなった光景だった。町には今も役場関係者と老人がいるだけで、子どもたちに帰っておいでとは言えない。四月に新設される小中学校の入学申し込み者は五、六人だという。

以後、毎年、避難解除された土地に足を運んでいる。学校や道の駅など除染された所では確かに放射線量は下がっているが、フレコンバッグが積まれた周辺や木の植え込み、山や森では放射線量が高く、季節や天候によって生活圏の線量も上がる。一般に公表されている各地の放射線量は一見問題なく見えるが、それはモニタリングポストが置かれた地点での線量である。今では使えなくなった田畑にたくさんのソーラーパネルが並ぶ。都心部の企業が安い値段で土地を買い叩き、設置したものだそうだ。搾取の構造は相変わらず健在である。避難解除された区域と避難困難区域を隔てるバリケードに沿って歩くと、地震で壊れた家や店舗がそのままの状態で年月を重ね、朽ちていく。家屋の解体に伴い空き地が増え、草木は伸び放題で、放射線量が書かれたフレコンバッグが積まれている。二〇一九年に訪れたチェルノブイリの風景が重なって見える。

帰郷という選択肢を持たない人々がいる一方、避難解除された所でも、全域避難を経た所の帰還率はきわめて低い。国の基準値がクリアされても、農業や漁業の復興は困難をきわめ、廃炉の見えない原発で再び事故が起きるのではないか、放射能の影響は本当に大丈夫か、商店や医療福祉機関が不十分ななかで生活していけるのかなど不安も大きい。帰還するのはそこで働く人々と、介護がいらず車で移動できる高齢者が中心である。わずかな帰還者の三分の一がもとの住民であり、三分の一は廃炉など原発関連の労働者、三分の一は新たな住民だという。長引く避難生活で、若い世代は仕事や子どもの学校など避難先での生活に一定の定着が進み、帰りたくてもすぐに帰るという選択はできない。それでも故郷への思いがあり、避難者であるという認識を持ち続けている人は多いが（丹波、二〇二二）、こうした人々は「自主避難者」とされ、支援は打ち切られていく。関連死者数は今なお増加しており、二千三百人を超える。うち、六割を超える人が原発周辺八町村の出身者であり、度重なる移転と長期にわたる避難生活を強いられていた。

二〇一七年五月、巨額な予算をかけた国家プロジェクト「福島イノベーション・コースト構想」の推進が法定化された。浜通りの新たな産業の創出を目指し、廃炉、ロボット、エネルギー、農林水産等の分野に取り組み、そこで生まれた雇用によって住民を増やそうというものである。復興庁によれば、二〇二二年度の予算概算は、被災者支援、住宅再建復興町づくり、産業・生業の再生、原子力災害からの復興・再生、創造的復興、教訓・継承事業で計五千七百九十億円となっている。十年を過ぎこれだけの予算をかけても解決にはほど遠く、全国で訴訟が続くなかで、次々と原発は再稼働させられている。

四　被災と復興の証人として

土地の力

東日本大震災以来、東北に通い続け、あちこちを訪れた。レンタカーを借りて長い道のりを運転することもあれば、バスや列車を何度も乗り継いで移動することもあった。プロジェクトは夏の終わりから冬の始まりまでの時期をあてていたので、嵐や雪に遭遇することもあったが、大半は気候も良く美しい季節だった。キラキラ輝く海や霞む山、彩り移りゆく木々、ひょっこり顔を覗かせ、時にはヒヤッとさせられる野生の動物、みずみずしい果物にピチピチの魚介類、そして水と大地の恵みのような温泉に魅せられた。

東北と一括りに語ることには無理があるが、少し歴史を紐解けば、そこには貧しさと豊かさ、無念と誇りとともに、人々の厳しく、それゆえに優しい暮らしが矛盾なくあったことが感じられる。とくに故郷を奪われた福島の人々の話を聞くにつれ、先祖代々苦労して作り上げてきた土地の暮らしと人々のつながり、都会に住む者には到底想像し得ない土地への深い愛着があり、それだけに喪失は埋めようのないものであったことがわかる。自然の美しさと厳しさ、豊かさと情け容赦なさを、代々そこに生きてきた人々はあるがままに受け入れ、土地と強い絆を結んでいた。災害も当然そこには含まれていた。原発事故をのぞいては。

三陸沖に生まれ育った年配の人々には、昭和三陸津波やチリ津波を経験した人たちがおり、大震災は未曾有でも想定外でもなかった。祖父母や親から繰り返し津波を警告されていた人が、地域の人々の命を救った。気仙沼にあるリアスアーク美術館では、地域の津波災害史を正しく理解していれば、津波の発生を阻止することはできなくても、津波を大災害化させないために地域文化を進化させることができるとし、それを津波文化という言葉で表している。自然環境や気候、歴史とともに人々が作り上げてきた文化がある。いつ頃からか私はそれを「土地の力」と呼び、そこに人々のレジリエンス（逆境を生き抜く力）を見るようになった。リアスアーク美術館は、二〇〇六年に明治大津波に関する展覧会を開催していたが、今回の震災も大きな歴史の時間軸に並べてみれば、復興の姿が見えてくるだろう。復興とは土地の歴史や文化を思い起こし、あらたな文化を刻みなおすことなのかもしれない。

物語の力

大きな出会いのひとつは民話活動だった。東北では、一九七〇年代から民話採訪の活動を始めた「みやぎ民話の会」をはじめとして、各地に民話を語り聞く会が結成されており、ゆるやかなネットワークが作られていた。二〇一一年八月、南三陸で開催された民話のイベントには全国から二百人の参加者が集まり、各地の民話とともに六人が自らの被災体験を語った。「たとえすべてを失っても、民話は残る。民話は生きる命綱である」という声に鼓舞され、民話活動は拡大した。各地の小さな民話の会が被災体験を聴き取り、書き記し、次々と記録集を出版した。それに感銘を受けた若い世代は、関連する声のアーカイブや映画やアート作品を生み出している。民話は土地に根差した人々の物語であり、先祖たちが生き抜いてきた災いや苦しみ、理不尽や不条理とともに笑いとしたたかさ、そしてかすかな希望が含まれている。口伝えにバトンを受け渡すつながりのなかに自らの生をそっと吹き入れることができたなら、もう死を恐れる必要はないのかもしれない。

災害の記録と継承のために、自治体やＮＰＯ、学術機関、企業やマスメディアによるデジタルアーカイブ（注二）もさまざまに立ち上がり、震災遺構や伝承施設も設置されていった。二〇一八年には、震災伝承ネットワーク協議会が設立され、「三一一伝承ロードマップ」が作られた。第三分類に区分けされている総合的な学習施設には、「たろう潮里ステーション学ぶ防災」「震災遺構仙台市立荒浜小学校」「山元町震災遺構中浜小学校」など充実した伝承施設がある一方、福島には、開館前から批判の多い「東日本大震災・原子力災害伝承館」など伝承施設としては首をかしげたくなるようなものもある。原発事故に関しては、さまざまな事故調査報告書が出され、関連裁判の結果も一定数出つつあるが、これらが公正に展示されているとは言い難く、施設の設置主体の意向を反映している現状がある。その一方で、震災から十年を経て、個性的な民間のミュージアムが設立されつつある（第六章参照）。

ミュージアムや記念碑は災害の記憶のインフラであり、人々はそこから被災と復興の物語を受け取り、自らも物語り始める。物語こそ、それぞれに異なる体験を共有可能にし、人々をつなぎ合わせるものである。だとすれば、東日本大震災という大きな出来事を平板で一面的な大きな物語としてでなく、小さな物語を束ねた中ぐらいの集合的記憶を示す個性的なインフラが多くあるといい。

民話活動もそのひとつであり、証人となることを掲げた私たちのプロジェクトもささやかながらそのひとつとして存在できたらと思うのだ。

被災と復興の証人になるとはいかなることだったか

あれほど大きく揺さぶられた震災を簡単に忘れ去ることはするまいと、決めた通り定期的に被災地を訪れてきた。現地に足を運び、身を置くという行為は、自分の身体にその土地の記憶を刻み込み、その土地に自分の足跡を残すことでもある。その繰り返しのなかで、土地との親密さは少しずつ増していく。自分にとって大切なその土地がどのような歴史を経て成り立ち、どのような被災の影響を受け、どのように復興していくのか、それは自分にとって重要なこととなり、その土地で起きることはもはや他人事でなくなる。一般に証人は第三者として自分の知り得た事実を供述する者であり、法廷では事前に宣誓を行う。何が起きたのかを人々が理解するために証言することには責任を伴い、コミットメントが求められる。証人とは一定の距離を保ちながらも当事者であり続けようとする意志であり、人々の関係をつなごうとする者であった。

しかし、その距離感は常に揺れ動き、持続的に証人であり続けることはたやすいことではなかった。ノルベルグ＝シュルツ（一九九四）は、人間と土地との関係において、同一化と定位のふたつをあげ、同一化は人間の帰属感覚にとっての基盤である一方、定位は人間を旅する人（ホモ・ヴィアトール）であらしめる機能であるとした。同一化によってその中に埋め込まれてしまうと見えなくなるものがある一方で、旅する人は、自らを定位しようとあがきながら、土地の本質を見抜くことがあるのかもしれない。毎年、新参者である大学院生の反応を知ることで、自分自身にも土地への馴化(じゅんか)が起こっていることに気づくことがしばしばあった。たとえば、福島でモニタリングポストやフレコンバックを眼にすることはごく普通のこととなってしまったが、初めて見る者にとっては驚きであり、異様な非日常である。証人であるためには、ある程度まで文脈を理解し、そこに意味を見出すことができなければならないが、同時に他者性が不可欠なのだ。他者との出会い、他者との対話から物語は生まれてくる。被災の周辺部から中心部へと旅する外部者である私たちは、そこで出会う土地や人々との関係において自らを照らし出される。被災地の人々にとっても、外部からの侵入者の存在は、その異質性によって自らを照射され、自分たちに起きた大きな出来事とともに、それまでのあり方を物語るきっかけになったかもしれない。

証人として人々の話に耳を傾け土地を生きることとは、政治的行為でもあった。どこに身を置くのか、誰に話を聞くのかによって、経験すること、見聞することは異なる。基本的に偶然や縁に身を委ねてきたが、意図的選択も必要だった。政府やマスコミが語る大きな物語ではなく、現地に行かなければ聞こえてこない小さな声に耳を傾け、なるべく多様な物語を集積しようと努力してきた。それを十年続けると、ばらばらだった小さな物語が有機的につながり、まるで織物を織りなしていくようだった。光栄なことに、その織地には私たち自身も含まれている。

十年の間にも、全国各地をあらたな災害が襲った。岩手では、二〇一六年八月の台風で、ようやく再開されたJR山田線がまたもや長期運転休止となった。宮古市内は一階まで水に浸かり、津波で山の方に押し上げられた土が海の方に流れ、市内は家の中まで泥だらけになったという。二〇一九年には、全線開通したばかりの三陸鉄道が十月の台風でまた一部運休となった。民話の学校で宿泊した美しい丸森も土砂に呑まれ、復興は道半ばである。二〇二一年に宮古でお世話になった運転手さんは、東日本大震災の後、復興道路や防潮堤の建設に関わってきたが、二〇一六年の台風被害で自宅を流され、親戚や知人を亡くしたという。東日本大震災を起点に被災と復興があるわけではなく、遠い過去から現在までつながる時間の中で、東日本大震災を含め、さまざまな規模の災害が情け容赦なく襲ってきた。

そして、コロナ禍である。コロナ禍においては、この十年東北と関わるなかで教わってきたこと、培ってきたものが大いに力を発揮している。たとえば、大きな流れに呑み込まれることなく私の小さな日常を重ねること、政府や専門家の指示に従っていれば安全が保証されるというものではなく、私の人生の不要不急を定義するのは私であるということや、自分の足で土地を歩き回り先達たちが経験してきた疫病とのつき合い方や知恵を確かめることだった。阪神淡路大震災の時の経験が東日本大震災の時の行動を方向づけ、東日本大震災の時の経験がコロナ禍での行動を方向づけた。コロナ禍での経験がまた新たに来たる災害時の行動を方向づけることだろう。それを私個人の経験だけに閉じ込めないこと。人が生きている限り、時間はずっとつながり広がっていく。被災地と非被災地があるわけではなく、災害の始まりと終わりがあるわけでもない。災害は、強弱やグラデーションをつけつつ、いつも、どこにでもあり得る。証人であろうとすることは、災害が往々にしてもたらす断絶を埋め、切れた糸をつなごうとすることであった。その営みは必ずや別の誰かに手渡されなければならない。

おわりに

二〇二二年一月「第八回民話ゆうわ座　あの日から十年が経って～災害について考える」に参加し、この十年、各被災地で記録集を作成した人たちの話と共に、地震、津波、飢饉、疫病、水害、旱魃を語る民話に耳を傾けた。人類が生き抜いてきた歴史の苛酷さと人々の深い悲しみとささやかな喜びや笑いに身を浸し、ちっぽけな人間のつながりのなかに自分も連なっていることを感じることができた。宿泊していたその前夜、トンガで起きた大噴火の影響を受け、東北を含む日本全国の沿岸部では津波警報がけたたましく鳴り続けた。地球は生きている。土地そのものに記憶と継承がある。私たちはその小さな惑星に共に暮らすちっぽけな生き物であり、津波もウイルスも国境を越えて私たちを襲う。気候変動に地球温暖化、そして戦争。二〇一九年にチェルノブイリ・ミュージアムを訪れた私にとって、それはもはや他人事ではない。くたくたになるまで歩き回った美しいあの街、おいしい食べ物、厳しく残酷な歴史とそれだけに故郷を思う人々の気持ち、民主主義への熱情、出会った人の顔を思い浮かべながら居たたまれない思いでいる。原発と戦争は表裏一体であることがこれほどまでに可視化されたというのに、他国のことは批判しても自国のことは棚に上げたままであるこの国。先人たちの知恵に学び、助け合っていかなければ、これから先を生き延びることはもうできないかもしれない。

文献

ノルベルグ＝シュルツ、C.（一九九四）『ゲニウスロキ―建築の現象学をめざして』加藤・田崎訳　住まいの図書館出版局

丹波史紀（二〇二一）「ふくしまにおける生活再建と地域再生」『総合検証　東日本大震災からの復興』岩波書店

広田純一（二〇二一）「被災類型によって違う復興の形」『総合検証　東日本大震災からの復興』岩波書店

ビバリー・ラファエル（一九九五）『災害の襲うとき―カタストロフィの精神医学』石丸正訳　みすず書房

注一　NHK東日本大震災アーカイブズ（https://www9.nhk.or.jp/archives/311shogen/evidence/）など。

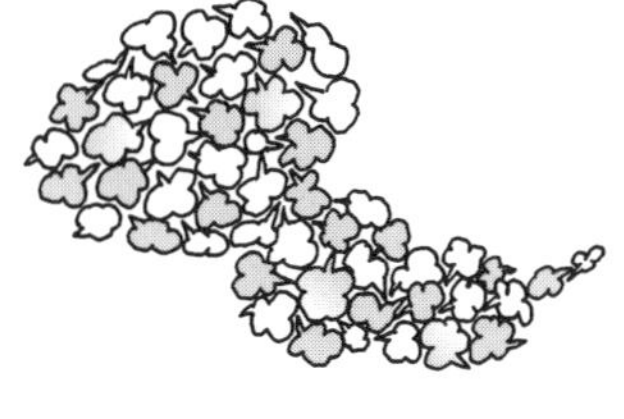

第二章

十年間、五十回以上開催のマンガ展が生み出した必然と偶然

団士郎

二〇〇〇 「木陰の物語」連載まで

短編漫画「木陰の物語」を描くようになって、ヒトコマ漫画を描くことが少なくなった。それまで二十五年以上、たくさん描いてきた。新聞連載、パネル漫画展、ヒトコマ漫画同人誌「ぼむ」、自費出版本数冊など。

コロナ禍の二〇二〇年夏、「木陰の物語」以前の自作ヒトコマ漫画をご存じない方も多いだろうと、前史のつもりで、その時代の作品をまとめてみた。過去のスクラップブックを当たり、納戸をひっくり返して、見つけたモノを片っ端からスマホに収めた。二度とこんなことは出来ないだろうから、コロナ禍のおかげで取れた時間に頑張ってみた。そこから気に入った作品を百八十点ほど選んで、一冊の本にした。その中の一作は一九九五年一月の阪神淡路大震災直後、関西在住の漫画家達が大阪で開催した復興支援漫画展のために描いたものだ。タイトルは「戻りたい街へ」。ジグソーパズルのピースみたいにバラバラになってしまった街が、また元通りに戻れないか、そんな想像が頭から離れなかった。

しかし実際の私はというと、震災直後、一人で出かけた阪急西宮北口駅前の想像を絶する街の景色に圧倒されて身がすくんでしまい、一歩も踏み出せずにすごすご戻った。あの時、たくさんの人たちがボランティアに出かけていたが、何をすれば良いのかばかり考えて動けない自分がいた。結局、現地には一度も出向くことなく、渦中で頑張る知人に、遠方からできるささやかな応援物資を届けたりして過ごした。おそらく自分と同じような思いの人も多かっただろう。

だから二〇一一年東日本大震災・津波・原発事故被災の支援プロジェクト案に巡り会ったとき、出来ることをしようと思うのに時間はかからなかった。その結果、現地で十年間、マンガ展を継続的に開催することになった。並行して配布できるように文庫版「木陰の物語」一万部の制作も決めた。

漫画家としてのこの選択は、私の人生において唯一無二の大変化だった。その後、ここから動きだした出来事の多さ、大きさには今も驚き続けている。

そんな中で自然に、ヒトコマ漫画を描く機会は減り、「木陰の物語」の漫画家として創作生活は固まっていった。六十歳を過ぎてから、自分にいろんな事がもたらされることになった中心に漫画「木陰の物語」があった。

そして十年が過ぎた二〇二〇年、コロナ禍の下、ステイホームで動けない時間に、東北被災地で開催したパネル漫画展と文庫版冊子に取上げた全作品（七十四作）を掲載した二冊の本、「Complete」（Ⅰ）（Ⅱ）を制作した。

二〇一一 晩秋

二〇一一年九月、青森県むつ市から始めた巡回のパネル家族マンガ展は、コロナ禍の影響を受けながら、二〇二一年にとりあえず一区切りを迎えた。被災各地における震災、津波、原発事故の影響は今に至るまで、計り知れないものがあった。そこから遙か遠方に暮らす私が、復興に向かう十年を見続けることになった。

被災地に持込んだのは、パネルマンガ展、漫画トーク「『木陰の物語』の物語」、文庫版「木陰の物語」の毎年配布、各地プロジェクト用企画（これは企画者の専門分野は様々だが、同じ場所で、同じ企画が継続開催されるのが原則だった）。

復興という名の変化をするのは被災地。訪れる我々は十年間、変わらず継続的に関わり続けることを志した。しかし考えてみれば当然のことだが、変化とは多くの場合相互作用のことだ。一方通行で起きる変化など希だ。

ここで述べるのは東日本大震災・津波・原発事故被災がきっかけの、直接的因果関係ではない変化の数々である。私の目の届くところで起きた追加・変化の記録である。そして漫画家で家族心理臨床家である私に、さみだれ式に起きて留まった十年間の記憶断片とも言える。

二〇一一　スタートの頃

展示したパネル作品「木陰の物語」は、この時点で十年以上（二〇二二年現在、連載は二十年を超した）雑誌に連載していたライフワークの一つである。家族心理臨床を中核とする活動の中で、漫画家である自分が独自に担えると考えてきたものだ。

その原稿を展示用パネルにして一話四枚に仕上げた。初回のむつ市立図書館展に向けては、八作品（三十二枚のパネル）を制作した。会場スペースの関係で初回展示は六話（二十四枚）になったが。個展の開催など初めてだったし、雑誌連載の「木陰の物語」は一人で手にとって見てもらうタイプの漫画だと考えてきた。それを特大サイズ（B1・782×1030mm）カラー版の展示用に化粧直しし、ギャラリーに掛けて他の鑑賞者と共に見て貰うことになった。

青森県むつ市	市立図書館	2011－2021年	11回
岩手県遠野市	蔵の道ギャラリー	2011年	1回
岩手県大船渡市	市民交流センター	2012年	1回
岩手県宮古市	おでんせプラザ	2013－2014年	2回
岩手県宮古市	りあす亭	2014年	1回
岩手県宮古市	シートピアなあど	2015－2016年	2回
岩手県宮古市	魚菜市場	2017－2018年	2回
岩手県宮古市	市民交流センター	2018－2021年	4回
宮城県仙台市	エルソーラ仙台	2012年	1回
宮城県多賀城市	公民館	2012年	1回
宮城県多賀城市	市立図書館	2013－2021年	9回
福島県福島市	市民活動サポートセンター	2011－2013年	3回
福島県二本松市	市民交流センター	2011・2012・2014年	3回
京都府京都市	ウイングス京都	2013年	1回
福島県福島市	子どもの夢を育む施設こむこむ	2014－2019年	6回
福島県浪江町	町役場本庁舎	2017年	1回
京都府京都市	東山市民活動センター	2014年	1回
京都府京都市	京阪三条駅構内ギャラリー	2015年	1回
米国・ＮＹ	天理文化交流センター	2015年	1回
京都府京都市	立命館衣笠キャンパス	2017年	1回
宮城県仙台市	国際センター	2018年	1回
大阪府茨木市	立命館茨木キャンパス	2018－2019年	2回
福島県福島市	椏久里珈琲福島店	2020年	1回
福島県白河市	マイタウン白河	2021年	1回

11年間のマンガ展開催スケジュール

二〇一二　多賀城の仮設住宅へ（宮城）

大都市・仙台にはたくさんの支援行事やイベント、活動が鈴なり状態だった。支援を受ける側のニーズとの突き合わせまでは分からないが、みちのく「よさこい」とも重なって大賑わいだった。

仙台到着、ホテルチェックイン後、寸断区間の表示されたJR仙石線で隣接する多賀城市に移動し、案内を受けて仮設住宅を訪問した。高台の運動公園グラウンドにずらっと百余軒の壁面レンガ模様の平屋住宅。当初、住宅は寒冷地対応仕様になっておらず、風呂の追い炊き機能が最近追加されたとか。

被災者の生活空間に突然踏み込んできて写真を撮ったり、話を聞きだそうとしたりの不作法からトラブルがあちこちにあったようだ。私たちも様子を見せて貰って、話を聞かせて貰っているのだから肩身が狭い。

住民共用の居場所である集会所は、時間経過と共に高齢者と子ども達の共存が難しくなってきているらしい。放課後、仮設に戻ってきて夕刻二時間ほど、集会所の一部を使って「遊びランド」なるものを運営することが、高齢者からの拒否や反対にあうという。日常生活に、他家の子どもが騒ぐのはごめんだという要望である。

社会全体が個人主義的空気に包まれつつある近年、被災したことで新たな近隣住民同士の繋がりが生まれた話も聞いていたので意外な気がした。復興に向けた前進は、厳しいことや慣れないことにも遭遇する。なにも気遣う必要のない、わがまま、気楽状態が一番良いとは言えない。我が身も振り返って思うことだが、高齢者になったからといって、その努力から除外されるものではないだろう。

阪神淡路大震災の後、話題になった高齢者の孤独死問題のように、起きてしまったことにネーミングしているだけではなく、目前の現実にどう向き合うかが問われているのだろう。

そしてこういう事態は、一つの出来事にだけ起きているのではないだろう。私たちの今日社会が、大きな災害に遭遇したとき、どのようなメカニズムが生まれ、時間経過と共に、何が明らかになってゆくのかが検証されなければならない。その一環に、私たちの東日本・家族応援プロジェクトも位置付くと良いと思った。

二〇一二　コンテナの保育園（宮城）

コンテナで保育所を運営しているおおぞら保育園を訪問し、園長、職員の人たちに、夕方のお迎えに保護者が訪れる横で話を聞いた。

津波被災したクローバー保育園（おおぞら保育園の前身）は多賀城駅前すぐの砂押川沿いにあった。保育所跡に行ってみたが、被災時のまま廃墟になっていた。経営者が園の継続運営は困難と判断し、廃園になったそうだ。

保育所の存廃はどこにでもあることだが、回復に向けて働く人たちのための保育の場がないことになる。そこで利用者の声に応えて、公共施設の一部を間借りして期限付きで保育を再開したのがおおぞら保育園のスタッフだった。そこも退去しなければならなくなった時、トレーラーハウスの発想からコンテナ保育園を開所することになった。その小さな空間におじゃました。

無理に津波発生時の状況を聞き出そうとしたわけではないが、スタッフからは子ども達の手を引いて災害から逃れた時の様子が生々しく語られた。避難所に急ぎ足に向かう自分たちとは反対方向に親子で戻る人があった。自宅に向かったのだと思うが、ＪＲのガードを抜けて十分ほどで後ろは津波に呑み込まれた。

翌日、スタッフの一人は自宅に残した犬が気になって腰上ほどの真っ黒な水の中を進んでいたら、急に穴に吸い込まれて体が沈んだ。ダウンジャケットを着ていたのが幸いして、浮力で頭までは沈まずに助かった。マンホールの蓋が流された穴だった。

家に戻るとケージに愛犬が生きていた。室内犬で一階のモノを置いていない部屋に居たため、潰されることはなかったようだ。水位はほぼ天井、わずかな隙間があったようだが、どうして生き残っていたのかと思った。

避難所から自力で出て行く人はたくさんいて、仮設住宅からも同じだ。しかし残る人も当然あってそれは高齢者が多い。逆に若い家族連れは、子ども達の騒ぐ声が、隣家とのトラブルになるから、無理をしても早期に民間の住宅に引っ越そうとした。子どもの安全を考えて、他府県に思い切って転出する人も少なくなかった。

やっと開設したコンテナ保育園だが、建築基準法に則っているのかと近隣住民からのクレームが市役所に入ったりしたそうだ。園長は地元の人たちと馴染もうと、休日には地域の草むしりにも参加するという。

昨今の日本社会では、保育所、幼稚園と地域住民間の騒音トラブル話を少なからず耳にする。社会全体が幼児や児童に対して排除的になってきている。ドイツでは児童の引き起こす騒音を、迷惑防止の対象騒音から外す法律が成立したと聞く。

管理された社会は、不確定要因の多い子ども達の自由を追詰めはじめ、世論も「迷惑」という名の下に入れ始めている。それは仮設住宅や避難所生活の周辺で、今後ますます浮上してくる課題なのではないだろうか。

社会は本来一色の主張や気分で形成されてはいない。誰もが追い立てられたような気持ちで、何かに不満をぶつけたくなってしまっているのかもしれない。問題はみんな政府や、大きな行政システムにあり、市民は皆心優しいなどと妄言を語っている限り、復興プランも援助システムの構築も進まないだろう。外部からの援助団体、組織同士がもめたり、人のしていることを否定したりは、いくらでもあるようだ。

時と共に被災地も日本社会と相似形に戻りつつある。だから被災地の問題は特定地域の特殊な問題なのではなく、私たちの社会全体の問題なのだと認識を新たにしなければならない。

二〇一二　大船渡（岩手）

大船渡市ではパネル展やワークショップ、講演会などを開催できる会場が限られていた。加えて私達のプロジェクト準備のために、地元で動いて貰える方を確保できなかった。だから告知活動や参加案内の機会も限られることになった。タイトな日程の中で設定する「漫画トーク」になり、平日午前十時からの開催で、参加者は一名。取材記者二名、主催関係者二名の講演会になってしまった。

私の講演の心構えは基本的に話しかけるのは一人である。どれだけ大人数になろうと、団体に演説するような話し方はない。一人という参加者が指し示すもののことを思いながら、多少のやりにくさと共に一時間半を乗り切った。沿岸部の大船渡開催は今回初めてで、去年は内陸部の遠野開催だった。

午後、沿岸部被災地域を車で回った。去年も訪れたところがあり、そのまま取り残された風景も沢山あったが、午後の光の中では復興の兆しもそこここに見られた。

それにしても気仙沼の陸に押し上げられたままの巨大船舶には圧倒された。「こんな大きなモノ…」と絶句である。そして夕刻から夜になると、まだまだ灯りの限られた、現実の厳しさを感じずにはいられない真っ暗な風景になった。冬が近づいていた。

翌日、週末の会館利用者で昨日よりは賑わうカメリアホールで、漫画展の片隅に置いてある観覧者用感想ノートを見た。ここでの十日間あまりの展示期間中に、おそらく誰もいない会場でパネル漫画展を見て書いてくださった方の感想だろう。それを読んで本意だと思った。このマンガ展で届けることが出来たらと考えたことが受け止められていた。配布用文庫冊子についての感想を、ワザワザ話しに来てくれた人もあった。

講演もそうだし、マンガ作品もそうだ。見てくれる人、聞いてくれる人の心が反応して初めて、発信されたものが完成する。創作物への考え方は様々だが、私の作り出しているものは、受け手との関係の中にある。孤高の芸術家を目指したことはなく、誰かにとっての作品の意味が届いた事のフィードバックがあって初めて完結する。マスコミではなくミニコミ、間接ではなく直接のやりとりが作り出すものの力を実感した岩手だった。

二〇一二　二本松（福島）

岩手プロジェクトに続いて翌週、二本松市（福島）にマンガトークで日帰り参加することになった。昼前、地方都市の駅に降りた第一印象は、大船渡との風景落差だった。まず駅前の市民センターの明るい立派な建物が飛び込んできた。ここが今回のメイン会場で、沿岸部ではない二本松市は原発事故の福島にある。目には見えないものの被災地であることを再確認した。

マンガパネル展は、市民センター三階の美術館前のフロアーにパーテーションを設置して行われている。展示作業を地元スタッフにお願いできて、会場条件がめぐまれていることもあり綺麗な設置になっていた。

ギャラリー的（美術鑑賞的）過ぎるきらいもあったが、次回以降、もう少し、来場者との交流が生まれやすいような、空間構成が出来ると理想的だと思った（残念ながらここでの継続は実現しなかった）。

午後のマンガトークは、市民センターから徒歩数分のホテルの小会場に移って開催することになっていた。告知期間の短かったこと、会場が別の場所になったことなどもあったのだろうが、スタート時点での参加者は二名と寂しいものだった。その後、関係者、NPOの方達の参加で十数名となり、話の内容も徐々に支援者支援的なところに比重をずらして話すことで、結果的にはよい時間になった。

配布冊子は、前日までに、準備していた百五十冊ほどが品切れになっていたそうだ。恵まれた会場条件の中、関係三団体の協力もあって、盛況裏に終えたと言えよう。

二〇一五　京阪三条駅展（京都）

「未来のための思い出　ココロかさなるプロジェクト」と題して、京阪電車三条駅構内で開催したマンガ展。乗降客が観覧者になり、東北開催とは異なった人達が多く見てくれることになった。ここの企画として、会場でミニインタビューを院生達がレコーダーを片手に実施した。「木陰の物語」を見た人に、「あなたが困難を乗り切った経験を教えて下さい」と問いかけた。

話されたことは、もともとその人の中にあったのは確かだが、それがいつも想起されていたものではない。思い出す機会もなく、記憶にはあるが、それほど明確ではないもの。それが「木陰の物語」展の漫画に遭遇することで触発され、インタビューに答える形で覚醒し、言葉になった。そして意識化され、言語化されることで「力」として再確認されていった。

だが日常的にこのような事はめったに起こらない。こういう作用は、何か勇ましい物語を見たとき、自分も奮い立たされるとか、勇気ある人の行動を見て、自分も頑張ろうと思ったのと相似形のようでいて、少し異なる気がする。

おそらく共鳴していく心の働きの深度が違うと思うのだ。そしてより個別性が高いとも思う。自分の体験の中に含まれた、共鳴している己自身の存在への肯定。それが引き出されてきて、自分は自分で頑張ってきたのだと自覚される言葉が心の中に生まれる。

外からの評価に重ねて自分を肯定するような作業に、自己肯定感と名付けるほどの力は持てない。他者評価によって裏付けられた自信など、安定度が高いとは言えない。

それまでの己の人生の中で、どのように自覚されてきたかはともかく、「木陰の物語」と向き合うことで湧き上がってきた自分のレジリエンスは、おそらくその人が生き抜いてくる上で核をなしてきた支えだったのではないか。そういうことを自覚しておくのは、誰の人生においても重要なことだと思われる。

何か特別な体験をした人だけではなく、主観的ではあるが、自分にとっては大変だった体験を乗り越えた記憶として持ち続けること。このささやかなものこそが、人それぞれに異なっていて、みんなの人生に通底しているレジリエンスというものだろう。

二〇一五　海外マンガ展（米国、台湾、中国）

漫画家の私は、東北展はまだしも、ニューヨークのギャラリーでマンガ展を開くことなど、想像したこともなかった。ところが東北展を継続する中で、思いがけない機会が巡ってきた。二〇一五年の三・一一を含む一週間、NYのギャラリーで個展を開催することになった。

彼の地から東北被災地に支援やエールを送り続けている県人会や支援者団体との交流もできた。そして東日本・家族応援プロジェクトのギャラリートークも会場で開催できた。

観客は多くはなかったが、会場が日本語教室に隣接していたので、そこで学ぶ子ども達の両親達（日本人もアメリカ人もいる）が多く見てくれた。アメリカで子育てする日本人の見た「木陰の物語」は、一家にどんなメッセージを届け得ただろうかと興味深かった。

これと前後して、台北（二〇一五台湾）、上海（二〇一五中国）でも、短期だがマンガ展が開催できた。

二〇一一年にむつ市立図書館ギャラリーでスタートさせた時点では、想像することもできなかった事態が展開していった。被災地だけが変化していくのではなく、あらゆることが変化してゆくことを実感させられる事態だった。

二〇一六　木陰の物語「口先、指先」

東北に通い続ける中で、様々なボランティア活動のことが話題になり、いろんな意見が登場した。雑誌に「木陰の物語」を連載中の私は、そんな世論の動向から影響を受けて、「口先、指先」を描いた。いくつか感想を貰ったが、「そうだそうだ」、「すっきりした！」という意見が多かった。

良いことをしているのに、それを話さない。

自慢気に聞こえるのが嫌だから。

善行は隠れて
するものだと
語られたことが
生きている。

ところがその結果、良き事を
している人も、何もしない人も、
区別がつかない。

それをいいことに、
口先だけで
ごまかす人が
出てくる。

用心深い人は、
ますます
無口を守る。

ここに今の世の中の
いびつな保身を
感じてしまう。

熊本で大地震
災害があった後、
名前を出して
支援をした芸能人に、
ネットでの酷い
バッシングがあった。

「中味じゃない、
やり方が売名だ！」
なんて無茶苦茶な
クレームだ。

自分ができない事を誰かがすると、
妙に批判的になる。

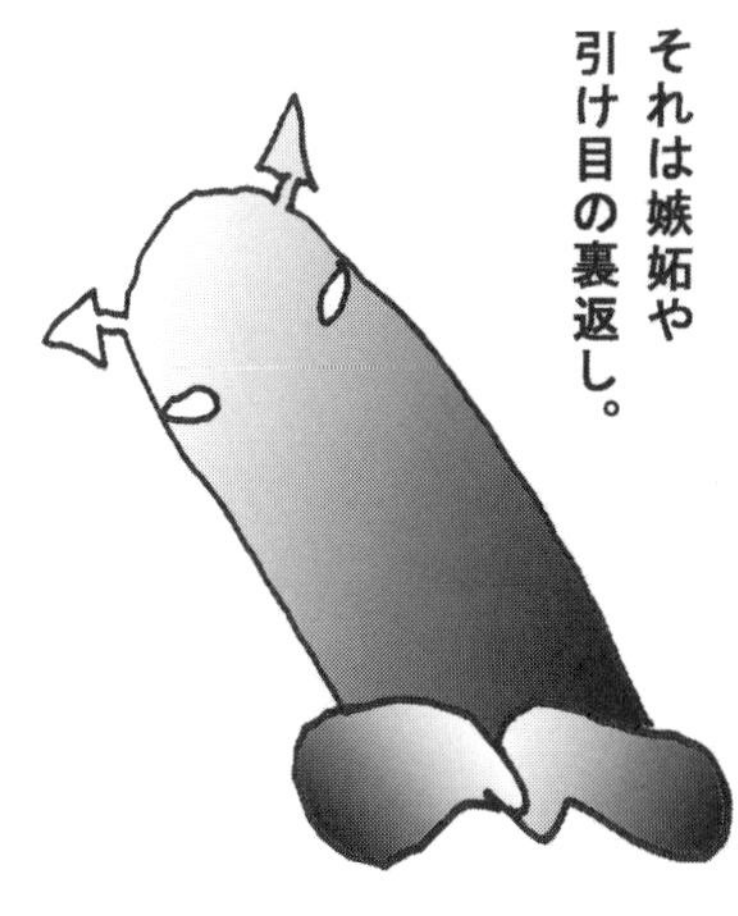

幼子を抱えて、保育所入所を
落とされた女性が
書いた怒りの
ネット文章。

保育所おちた日本死ね!

それに、
「あの言葉遣いは、
いかがなものか!」
とクレームをつけた

切実な問題に
向き合って
いる人が、
傍観者から
作法の話を
されなければ
ならない理由が
分からない。

ここに、何でも
口先、指先問題に
してしまうネット社会の
意地悪さが渦巻いている。

大きな事に口出しする度胸はない。

だから他人の
小さな間違いや
不始末を、寄って
たかって叩く。

寂しい世の中だ。

みんなもっと、自分のしていることを言えばいいのに。

してない人も引け目を感じたりすることはない。

誰かがしていることを賞賛すればいいだけのことだ。

一方で、ネガティヴなことは
やたらに打ち明ける時代だ。

それを聞いて、
ここぞとばかりに
同情、共感する。

もっとも、
金も力も
貸す気はない
リップサービス

それで癒されたー等と言って
いるのもお調子者だ。

難題には向き合わず、小ネタばかりが
ニュースの中心になる。

寄ってたかって、
そんな風に
してしまった。

善行は見えず、
小市民的な
だらしないことが
露出過多の世の中。

謝まる
ベッキーよ!

その結果、
謝罪と自粛の
話ばかり。

いったい何を目的に、どこに
向かって日常を重ねているのか。

未来に希望を
探したいなら、
もっと自分が
出来ることを
それぞれが
しなければならない。

そして今ある
良きことを
もっと言葉に
しなければ
ならない。

本音なんて
言い方で、
心の貧しさ
ばかりを
シェアして
いる社会に

次世代に
託せる希望が
育まれて
いるとは
とても思えない。

二〇一六　広陵町図書館における必然と偶然

奈良県広陵町でマンガ展が開催される経過は、ある意味で必然だった。きっかけは社会人入学していた院生が、東日本・家族応援プロジェクトに参加したこと。卒業と共に、プロジェクトとのつながりはなくなる場合も多い。しかしこの事業の自らにとっての意味を見つけることができた者は、卒業後も関わっている。

広陵町在住のNさんはその一人だった。地域の子育て支援を退職後のライフワークとして考えていた彼女は、東北で経験した家族漫画展を、自分の地域でも開催したいと考えた。当然、実現までには紆余曲折があり、地元自治体関係者、関係団体等との協議が繰り返された。そして教育委員会の賛同を得て、地元図書館の展示室での開催にこぎつけた。

ここで偶然であり、必然でもある出来事が生じる。Nさんは地元中学校で退職まで教員をしていた人である。その地域の図書館での開催にこぎつけ、期間中は連日会場に張り付いていることにした。

どこでもそうだが、案内告知を見て来てくれる人よりも、たまたま遭遇して展示を見ることになる人の方が多い。とくに初めての開催となるここでは、住民には事前情報はほぼない状態である。チラシなどで告知する事は可能だが、それが一体どのようなものであるのかは、「とにかく見て下さい」としか言いようがない。

そしてよくあるように子連れのお母さんが、図書館に絵本の返却に来たところで、玄関横のこのマンガ展をチラッと目にする。しかしそんな場合でも、必ず立ち止まって展示作品を見るとは限らない。

ところがそこに、見知った人が座っている。それは母親がかつて中学生時代に、教室で毎日会っていた人である。思わず「先生！」と声をかけて話をする。そこでマンガ展の話が解説される。作品をゆっくり眺め、文庫版冊子を受け取り、しばし昔話もすることになる。

これを漫画展だからこそ作り出すことができた時間だとは言えない。かといって中学校の同窓会に行けば必ず起きる事でもない。まさにこのような物事の配置で、今ここで起きていることである。

地域の子育て支援を考えているNさんにとって、願ったり叶ったりである。これが地元のネットワークに拡散する可能性を高めた。

実際、「今日図書館に行ったらN先生に出会った」と、子育て仲間でもある旧友にSNSや電話で連絡する人が出てくる。同窓生で結婚していた人などは、夫を連れて再訪することもあった。ここでは偶然と必然が時を経て結ばれている。

私たちの社会において、新たな何かが実を結ぶときにはおそらく、このような連鎖が生じているのだろう。その時、その場のアイディアだけの広告代理店イベントでは、私達は満たされない。そこに、個々の歴史を振り返れるような物語が関与することで、私達は外にある新たなものと、己の内に存在し続けたものを輻輳させた物語を体験するのである。そこに生まれる自分自身も含めた人間理解が、レジリエンスとして様々な出来事に作用するのだろう。

二〇一九　グラフィック・メディスン ― グラフィック・ファミリーセラピー

この十年ほどの間に、日本では馴染みのない「グラフィック・メディスン（GM）」というものの存在が欧米では話題である。GMは医学教育のテキストとしてコミックスを使う潮流のことで、十年以上前から国際学会も開催されている。

医学教育が病巣部位、疾病の話題に片寄りがちで、人間を見ていないという批判は、長らく患者、医療者両方から言われてきたことだった。そこに、医療従事者自らがコミックス作者となって、医学教育マンガを持込んだ。医療現場は、医業者と患者が、同じ空間を違った目で耳で、身体で経験している場である。

医療従事者は専門家として因果の明確な、合理科学的根拠に基づいたことを学び、実践している。一方、患者は病床で当事者として、きわめて主観的にその場全体を体験している。

その差に理解を示そうとしない医師に対する患者の不満は、時には訴訟沙汰にまで発展する。だからこの輻輳的空間は本来、そのようなものとして学ばれなければならない。

そう考えた医業者であり、コミック作家でもある提唱者は、インターネットにその趣旨の自作品をあげて論じた。それを見た多くの医業者達が教材として使いたい、あるいは自分も類似のこんな作品を描いていると発信して賑わった。そして実践研究グループとして国際学会に展開していくことになった。

この考え方と相似形のことを家族心理臨床の場でおこなっているのが私の「木陰の物語」だとK医師は考えた。打診されて「木陰の物語」が日本家族療法学会誌に二度掲載され、関連シンポジウムにも登壇することになった。

たしかにここには今後膨らませてゆくべき余地があると実感した。そこで、GMではなくグラフィック・ファミリー・セラピーと位置づけて作品を解読することに思い至った。

二〇二一「木陰の物語」中国語版刊行（中国・上海）

二〇一九年夏、漫画も描く心理臨床家として、中国の表現性心理学会で講演とワークショップを依頼された。東北での実践を知る事務局からの提案で、会場ロビーに、「木陰の物語」中国語版の展示を打診され、大判掛軸化した作品をズラッと披露することになった。それを目にした出版社から本にする提案があり、関係者の助力で、二〇二一年秋、中国語版「木陰の物語」全四巻が発刊された。

日本の家族、作者の抱えた団塊世代意識をまとった漫画作品が、今の中国の人達にどれくらい理解や共感を持って受けとめられるのか不安があった。しかし編集、翻訳に携わってくれた人達から聞かされたのは、どの作品も理解、共感が得られるということだった。

万国共通とまで言えるかどうかは疑問だが、アジアエリア、特に極東アジアの我々には、共通する背景が多いのかもしれない。現象としては各国様々に家族の花は咲いているが、根底の所には共通するものが流れているのだろうと思った。

二〇二二　おわりに

風景が変わらないまま十年を迎えた福島県沿岸部と、壊滅的だったリアス式海岸の港町の復興変化の十年を思う。そして根本的な課題である、変わることのない人口減少と高齢化のことも思う。

二〇一一年秋、初めて目にしたプラットホームの土台だけが残されていたＪＲ陸前高田駅の眺め。片付きつつあるからこそだったが、うずたかく積まれた車の残骸。鉄筋コンクリートの構造物以外、根こそぎ流されてしまって何も残っていない住宅地。内陸部まで押し流され、残されたまま居座った大型船舶。地盤沈下で海水に浸かった市街地。

跡形もないほどの復活途上にある現状と並行して、破壊されたものが後世に伝わるよう、あちこちで津波遺構の資料展示が整いつつある。

しかし福島県沿岸部、原発事故被災地だけは空白である。戻った人を数えるより、まだ戻らない圧倒的多くの人々の暮らしを思う方が妥当な現実だ。

数年前に訪問したチェルノブイリ原子力発電所爆発事故跡地は、三十キロ四方は三十五年を過ぎた今も立ち入り制限区域のままである。そこにあった五万人都市プリピャチもゴーストタウンのままである。これをウクライナ政府の政治的意図の産物だと語るのは無理があるだろう。

十年余り通い続けた東北太平洋沿岸は、けっして時の歩みと並行した一律の復興を遂げてはいない。知らない者達がひとまとめに復興を語り、一様に忘却し、新しい不幸で上書きしていってしまうのを黙認してはならない。それでは今後も同じことを繰り返す、学ばないシステムを選択していることになる。

第三章

災厄を生きる三陸沿岸の「土着の知」

——民俗芸能・お祭り・オガミサマを中心として

河野暁子

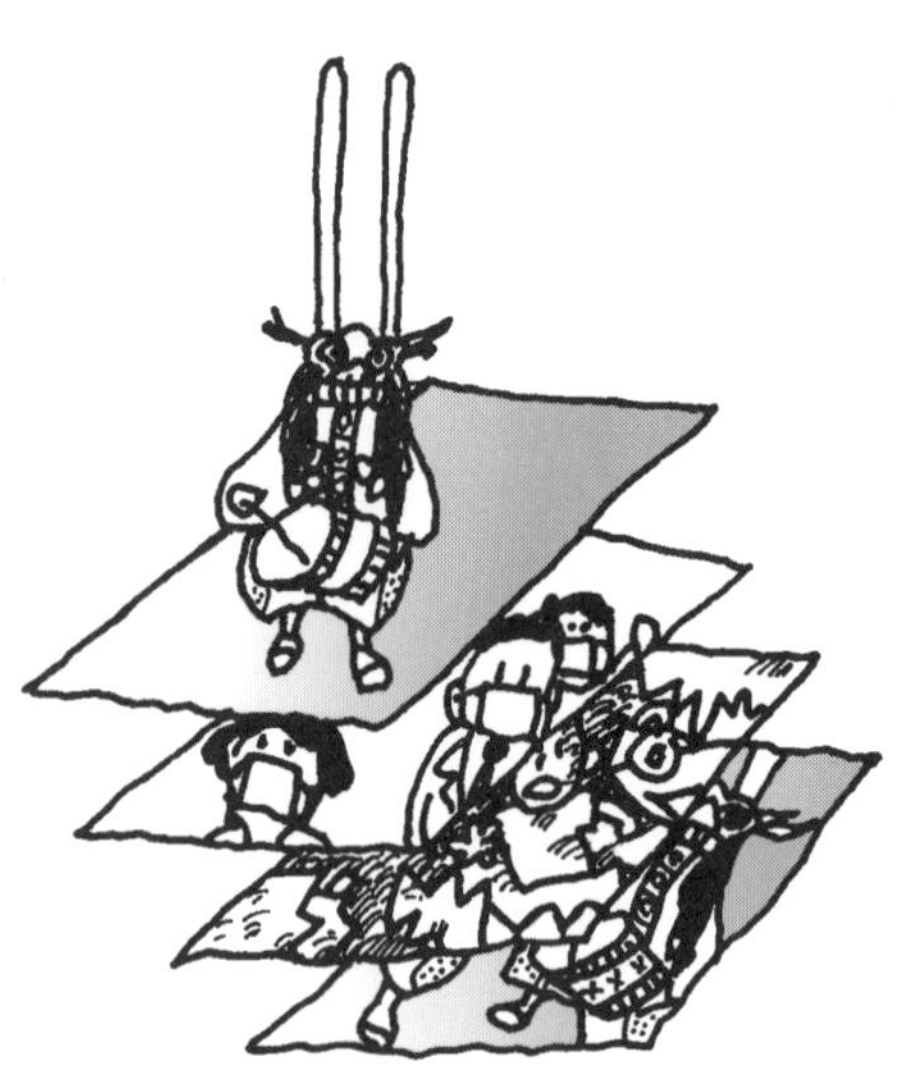

「津波はたくさんのものを連れていったけど、たくさんのものを連れてきた」。東日本大震災で多くの大切なものを喪った方々が、こう語るのを何度か耳にした。大切な人たち、思い出の詰まった家、生まれ育った故郷。津波はそれらすべてを海の向こうへと連れていってしまった。けれども、そんな被災地に住む方々の力になれないかと、多くの者がその地に入り、震災から十年経った今でも続いている縁がある。私もそんな多くの縁のうちの一つである。東日本大震災がなければ、決して出会うことのなかった者たちが出会う。そこでは、時の経過とともに、被災した人と支援する人という互いに貼られたラベルがはがれ、新たな物語が紡がれていく。

臨床心理の専門家としてトラウマに関心を寄せてきた私は、被災地でも何かしらの役に立てるはずだと思い、岩手県気仙地域に移り住んだ。ここに身を置きながらたくさんのことを経験し、私自身が大きく変化してきた。外部からやってきた支援する人だった私は、今では一住民として暮らし、十年前とはまったく別の視座から被災地を眺め、大学院生として研究を続けている。慣れない土地での暮らしは、戸惑うこともたくさんあった。それでもここで暮らしていたいのは、この地域に魅かれるものがあるからである。そんな私の物語と、災厄を生きている岩手県気仙地域の物語とを重ねながら語っていこうと思う。

一　岩手県気仙地域とはどのような土地なのか

支援する人という肩書を降ろすまで

二〇一一年九月、大勢の人でごったがえして蒸し暑い東京駅で、村本先生と会った。村本先生は東北で立ち上げるプロジェクトへ向かう途中であった。当時の私は被災地での緊急支援活動を終え、十月からは所属を変えて再び被災地へ向かう予定であった。先生とは二十年近く前に知り合っていたが、もう何年も会っていなかった。思い返してみれば、この再会も震災がもたらした縁である。小さなカフェのカウンターに並んで座り、先生は東北のプロジェクトについて、私は前年まで活動していた海外の紛争地や被災地での経験などを語った。とうてい語り尽くせる時間はないまま、先生はプロジェクト事務局の平田さんと、慌ただしく東北へ旅立っていった。

私は二〇一二年三月から岩手県大船渡市に住んでいる。臨床心理士として、被災地の中長期的な支援に携わりたいと思い、被災地で仕事に就いた。そんな私を、村本先生は岩手でプロジェクトが開催される十一月に、毎年訪ねて来てくれた。年に一回、東北の美味しいものを食べながら、互いの近況や被災地の状況などを語り合った。私は、臨床心理の専門家としての視点で、被災地を見つめ語ることが多かったと思う。

二〇一七年十一月、いつものように村本先生が訪ねて来た時、宮城県の民話の会について話してくれた。震災直後から住民自らが動き出し、もともと自分たちが携わってきた民話が、災厄を生きていく原動力となっていたように聞こえ、その力強さに感動した。民話の話は、何年か前にも先生から聞いていたのだが、その頃は「へぇ」と思うくらいで、熱く語る先生との間に温度差があったと思う。数年後に同じ話を聴いて、まったく違う感情がわいてきたのだからおもしろい。そして、民話のように、古くからその土地に根づいていて復興の原動力となったものは、私が暮らしている岩手県気仙地域にもあると、ちょうどその頃の私は感じていた。気仙地域に暮らして五年、変わりゆく地域の姿を見つめ、地域で暮らす人たちと交流してきた。そうしているうちに、専門家の支援を頼らずとも、この災厄を生きている人たちがいて、そこには気仙地域独自の文化や慣習が関係しているのではないか、と感じてきていたのだった。臨床心理の専門家を自覚していた私にとって、大きな揺らぎであった。そんな私自身の変化を初めて村本先生に語り、翌年度から支援者という肩書を降ろし、立命館大学大学院の博士後期課程へ進むことに決めた。研究テーマは、「東日本大震災被災地の文化や慣習の持つ力」である。

地形と歴史から見た気仙地域

私が暮らしている気仙地域は、岩手県南部のことを指し、沿岸部の大船渡市と陸前高田市、内陸部の住田町の二市一町から成る。沿岸部には、小さな半島や湾がいくつも存在し、起伏の大きい山々が海へ迫った美しいリアス式海岸が続く。上空から撮られた写真を見れば、平地が少なく、道路がない時代は、さぞかし移動が困難だっただろうと想像がつく。山や海などの地形から集落がつくられ、この集落のことをここでは部落と呼ぶ。部落は行政区でもあり、各部落には公民館が設置されている。いくつかの部落が合わさり町になるのだが、人びとは部落ごとのまとまりを意識する。たとえば、人からどこに住んでいるのかを尋ねられた時、「盛町」と町名を答えると、「盛のどこぉ?」と、部落名をさらに問われることが多いのである。

沿岸部の気候は海から吹く風のため夏は涼しく、冬は東北にも関わらず雪が少なく、寒さの厳しい内陸部と比べて過ごしやすいといえるだろう。春になれば、タラの芽やふきのとうなどの山菜が美味しく、また、ワカメ、ウニ、ホヤ、サンマ、牡蠣など、季節ごとの海の恵みを楽しむことができる。自然豊かな土地には、人以外の生き物も生息しており、キジ、鹿、狸、狐、熊などと遭遇する。高齢の方からは、「子どもの頃に狐に騙された」といった動物にまつわる不思議な話を聴くことがあり、そんなことが実際にあるのかと胸がわくわくしてくるのである。

そんな気仙地域を歴史的に見ると、災厄とともに生きてきた土地だということが分かる。貞観大地震・三陸大津波（八六九年）、明治三陸地震・大津波（一八九六年）、昭和三陸大津波（一九三三年）、チリ地震大津波（一九六〇年）などが挙げられるが、細かく数えれば、もっと多くの津波が襲来している。半世紀以上にわたって三陸沿岸の津波を研究してきた山口弥一郎が「津波常習地」と呼んだ、まさにその土地である。気仙地域を襲った災厄は津波だけではない。冷害による大凶作や台風にも、幾度も見舞われてきた。多くの試練が与えられた土地であるにもかかわらず、人びとはここに住み続けた。災厄とともに生きることで、災厄を生き抜く知が、ここで育まれていったのではないかと想像する。

かつて大船渡市内の高校での教職を経て、大船渡市長を四期十六年務めた甘竹勝郎は、気仙地域の歴史を研究してきた。平地が少なく農業に適さなかった気仙地域は、主食を自給自足できないほど貧しかったが、村民を飢えさせないための善政が進められていたそうである。江戸時代の飢饉の際にも、隣の藩で起きていた一揆の人びとが、気仙地域へ移り住みたいと懇願するほどであり、逆境をバネに、多くの人たちが住みよい地域にするために頑張り続けてきたとのことである（甘竹、二〇二〇）。

おすそ分けの暮らし

ここでは、季節の物のおすそ分けが当たり前である。一月から二月にかけて、メカブや早採りワカメが手に入る。ここで養殖される海藻は質が良く全国へ出荷されるのだが、大量に採れたメカブやワカメは出荷分を除き、地元で分け合い、どの家も海藻だらけになる。私も毎年あちこちからメカブやワカメをいただくのを楽しみにしている。大量にいただいた海藻は、いっぺんに食べきれるわけもなく、大きな鍋で下処理をして冷凍保存しておくのが常であり、さらに、冷蔵庫で一年は持つ塩蔵ワカメもいただけるので、ワカメをお店で買うことはないのである。

私は知り合いが所有する空き家をお借りして住んでいるのだが、この家を含めて近所には、門や塀がほとんどない。私の住む家も、誰でも自由に入ってこられる。家の庭には小さな畑があり、おもしろいのは、私の知らない間に、知り合いが花やハーブを植えて行ったり、植木鉢を置いていいったりすることである。家の玄関の横には物をかけられるフックがあり、何に使うものなのか分からなかったのだが、ある時、私が留守の時に訪ねてきた友人が、玉ねぎのたくさん入った紙袋を、そこへかけていってくれていた。お礼の連絡を入れると、「家の玄関にも、ちょうど玉ねぎがかかさってた」と笑っていた。この日は玉ねぎのおすそ分けが、あちこちで行われていたのだと、私も笑ってしまった。

季節の野菜や果物、海産物を分けあい、人からいただいて食べきれない分は、また別の人へと譲っていく。これは、甘竹が述べていたように、「農作物が獲れない時代に、飢えることがないよう、人びとが助け合ってきたこと」が地域に根づき、慣習となっているのではないかと思った。

部落ごとの民俗芸能

震災から一年半が経った頃だろうか。当時私が住んでいた大船渡市三陸町越喜来で、仮面のようなものをかぶり、黒っぽい装束を身につけた集団が、太鼓を叩きながら踊っているのを遠目に見た。津波で破壊された建物が解体されずに残り、瓦礫の山が積まれている浜の近くで、念仏のように聞こえる歌と太鼓に、私は何だろうと思いつつ、近寄りがたさを感じた。後に、これが金津流浦浜獅子踊という、この地域が大切に継承してきた民俗芸能だと知った。

私が気仙地域の民俗芸能に関心を持ったのは、ずっとずっと後のことである。知り合いたちはよく「権現様が来る」とか、「虎舞の練習が始まった」とか話していたが、お正月の獅子舞みたいなものがこの地域にあるのだな、ぐらいにしか思っていなかった。そんな私が、大学院への進学を機に今の家へ引っ越してから、民俗芸能やお祭りに触れる機会があり、すっかり魅了されてしまったのだった。

調べていくと、気仙地域には部落ごとに継承されてきた民俗芸能が、とても多いことに驚かされる。中断されているものも含めて、百二十二組もある。神楽、田植え踊り、鹿（シシ）踊り、剣舞、虎舞、権現様、太鼓、七福神など、種類もさまざまで、中には細かく流派が分かれているものもある。これらの民俗芸能は、神仏に悪霊退散や無病息災などを願ったり、五穀豊穣を祈ったりするために行なわれてきた。多くの民俗芸能が継承されてきたのには、この土地の風土と生業が関係する。農作物が無事に収穫できること、漁に出た船がたくさん魚を獲ってくることは、誰もが強く願わずにはいられない。まして、農業に適していない土地で冷害が起きるのだから、なおさら神仏や祖霊に対する祈りは深まっていったのだろう。

町ごとのお祭り

部落で継承されてきた民俗芸能は、お盆の時に家々を回る門打ちやお祭りで披露される。気仙地域で広く行われているお祭りは「五年祭」と呼ばれ、四~五年に一回、各町で開催される。大船渡市を例にすると、市内に十の町があり、「今年は盛町の五年祭」「来年の五年祭は末崎町」といった具合に、まるでお祭りが市内を順に巡っているかのようである。

なぜ四、五年に一回の開催なのか、周りの人に聞いても、みなよく分かっていない。「毎年だと大変だからではないか」とか、「前に二年ごとにやったけど、大変だったと聞いたことがある」とか、「四、五年に一回でちょうどいいからではないか」とか話している。また、「五年も空くと、前はどんなふうにやったか忘れてしまっているんだけど、準備をするうちに段々と思い出す」のだそうだ。そして、「やっぱり自分の代でお祭りが途絶えたとなると、なんか悪いから続けるんだよなぁ」というのが、五年祭が続いてきた理由の一つなのだと思う。

大船渡市郷土芸能活性化事業実行委員会がまとめた『大船渡市民俗芸能調査報告書―祈りを舞う、暮らしを踊る―』（二〇一六）によると、五年祭というやり方は全国的にも珍しく、式年祭や浜下り神事としてとらえる見方ができるのだが、経済的理由からちょうどよい間隔で開催されるようになっていったのではないか、とのことだった。実際、かつては大船渡市末崎町では二年ごとに、大船渡市三陸町吉浜では十年ごとにお祭りが行われていたのだが、いずれも五年祭に収まってきている。

そんな五年祭は、私が経験してきたお祭りとはまったく違っていた。私が育った地域のお祭りは、屋台が並び、金魚すくいをしたり綿菓子を食べたりと、お小遣いを持って夜遊びをする時間であった。五年祭でも屋台は出るのだが、主役となるのは町の住民である。部落ごとに準備されてきた山車が朝から練り歩き、山車の上では太鼓やお囃子が響き、練習を重ねてきた民俗芸能や手踊りが披露される。数ヶ月かけた準備の成果を、思う存分発揮する発表会のようである。参加するのは、民俗芸能の種類によっても違うのだろうが、おおむね小学生から中年までの大人たちである。揃いの装束や着物を着て、女性たちは髪や化粧も念入りに整えて、みな気合を入れる。

町によっては、部落ごとに地域の神社に挨拶をした後、民俗芸能を披露する会場まで練り歩く。

会場は、まるで町中の住民全員が集まったかのような賑わいである。昼には、部落ごとに注文した仕出し弁当を食べたり、家族でお弁当を広げて一緒に食べたりする。どこか町内運動会のような印象も受ける。五年祭の会場へ足を運べない高齢者もいるが、彼らは、部落に山車や手踊りの一団がやってくるのを自宅の前で待つのである。私が自分の住む町の五年祭に、傘持ちという手踊りの補助として参加した時、山車や手踊りが部落へ入っていくと、大勢の人が家の前に出てきていた。犬を抱えた人、普段は家の外ではなかなか顔を見ない高齢者、手踊りに参加するには幼すぎる子どもなど、山車や手踊りの一団がやってくるのを楽しみにしている様子がうかがえた。海に面した町では、さらに海上渡御が行なわれる。大漁旗を掲げた漁船に神輿を乗せ、何隻もの漁船が湾を周航するのである。

気仙地域には、五年祭の他にもお祭りがある。有名なのは、陸前高田市で八月七日に行われる「けんか七夕」と「うごく七夕」という二つの七夕祭りである。けんか七夕は、陸前高田市気仙町で九百年継承されてきたお祭りで、その名のとおり、部落ごとの山車がけんかをするのである。二組の山車が向き合い、合図とともに、山車の前方にくくりつけられた丸太で押し合う。山車の上には人が立ち長い笹をぶつけ合う。とても力強く、見ていて胸が躍るようなお祭りである。うごく七夕は、陸前高田市高田町のお祭りで、部落ごとに華やかに飾り付けられた山車が、太鼓やお囃子とともに、町内を練り歩く。夜になると山車は電飾で彩られ、カラフルにピカピカと光る山車に目を奪われる。

その他にも、大船渡市盛町の七夕、各地の花火大会など、人びとが集う催しが気仙地域にはたくさんあり、お盆過ぎの灯ろう流しの頃には、短い夏が終わろうとしているのを感じるのである。

二　気仙地域の震災後の様子

震災後の民俗芸能とお祭り

震災で大きな被害が出た町では、民俗芸能やお祭りどころではなかっただろうと想像する。ところが、二〇一一年四月下旬には、地元の新聞「東海新報」に、神輿の記事が載り始めた。津波で遠くの町に流されていた陸前高田市高田町の神輿が見つかり、若衆らによって神社へ奉納され復興を誓うとか、大船渡市大船渡町で偶然にも被災を免れた神輿を、瓦礫をどかしてようやく救出することができ、「復興を見守るために残ってくれた。五年祭のためにも大切にする」とか、神輿には町の復興への格別な想いが込められていた。

少し経つと、夏のお祭りを開催するのかどうかという記事も出てきた。大船渡市盛町の七夕は、若い人たちが「やろう！」と声を上げたことで開催が決定し、陸前高田市高田町では、有志によってうごく七夕を開催することが決まった。高田町は津波で大きな被害を受けており、十二あった山車も流されたため、部落が合同して一つの山車を制作するという。もともとは死者や祖先の鎮魂のための七夕であり、住民たちは「震災で亡くなった人の供養のためにも、祭りは途絶えさせたくない」と語っていた。お祭りは、残された住民にとってこころの拠り所であり、死者に対して祈りを捧げる機会でもある。ならばなおのこと、住民たちはお祭りを切望したのだろう。

二〇一一年五月下旬頃より、気仙地域の各地で民俗芸能が行なわれ始めた。たとえば、五月二十九日には、大船渡市の猪川小学校で「第一回やっぺし祭り」が開催され、前田鹿踊りが披露された。「やっぺし」とは気仙語で「よし、やろう!」という意味である。猪川町は津波による被害はなかったものの、地震による大きな被害が出ていた。また、町外にいて津波の犠牲になった方たちがおられたし、大切な方を亡くされた方も大勢いた。そして、小学校や公園、広い敷地などにいくつもの仮設住宅が建てられた。前田鹿踊り顧問の村上富也さんは「町全体が暗い雰囲気だったので、まず、自分たちから元気になれることをやろうと思った」と話しておられた。

七月には陸前高田市立小友小学校の運動会において、五、六年生による田束剣舞が、震災で犠牲になられた方への鎮魂の意を込めて披露された。八月七日には、うごく七夕とけんか七夕が開催され、それぞれの町で制作された一台の山車が披露された。お盆になると、大船渡市大船渡町の赤澤鎧剣舞が、亡くなった方々への冥福と地域の早期復興を祈念し、大船渡市三陸町越喜来では、三陸港まつりで民俗芸能が披露され、追悼の花火が上がった。こうして、震災の年の夏には、各地で民俗芸能が披露され、七夕祭り、お盆の供養、灯ろう流し、といったお祭りや年中行事が執り行われていったのだった。

途絶えさせない五年祭

二〇一一年に大船渡市で五年祭が巡ってきていたのは、三陸町綾里と大船渡町である。どちらの町も津波で大きな被害が出たため、その年の五年祭は中止となった。大船渡町の次の五年祭は二〇一五年で、この頃の町は復興工事の真っ只中であり、五年祭は規模を縮小して執り行なわれた。二〇一一年から二〇一六年頃までは、市内のどの町も五年祭は中止にするか、もしくは規模を縮小せざるを得なかった。津波による被害がなかった町でも、「手踊りのような華やかなものは、ちょっと遠慮したねぇ」と演目を自粛していたが、それでも、お祭りを途絶えさせないことが大事にされていた。五年祭が行なえない時期でも、民俗芸能は行われており、大船渡町の笹崎鹿踊りは、津波で流出した道具を新たに寄贈され、二〇一二年七月には仮設住宅で披露されている。

二〇一九年五月、大船渡町に再び五年祭が巡って来た。この頃は、土地のかさ上げや道路の復興も進み、新たな商店街ができていた。お祭りの会場は、被災して造り直された魚市場である。住民がぐるりと囲んでいる円の中心で、各部落の民俗芸能が次々と奉納されていった。鹿踊り、剣舞、七福神など、観ていてまったく飽きることがない。聞くところによると、大船渡町の五年祭は、民俗芸能の数が市内で一番多いそうである。車いすで観に来ている高齢者、自分の部落の民俗芸能の装束を互いに見せ合う中学生、権現様に頭をかじってもらうのを順番に待っている人たちなど、誰もが本当に楽しそうであった。「手踊りが十二年ぶりに復活します！」とアナウンスがあり、二組の手踊りが披露された。とてもとても華やかであった。震災前はもっと多くの手踊りが披露されていたとのことで、住民の一人は「次の五年祭はもっと大きくなるよ」と、未来へ目を向けていた。

海上渡御も行なわれ、大漁旗を掲げ、神輿を乗せた漁船が、何隻も次々と大船渡湾へ繰り出していった。その様子を、大勢の人たちが魚市場の屋上から眺め、「すごいねぇ！」「あ、権現様踊っている！」と漁船を指差し、感動していた。新緑の穏やかな陽ざしの中、はためく大きな大漁旗が山の緑と空の青によく映えていた。

周期的に巡ってくる五年祭は、まるで定点観測をしているかのようである。大船渡町の五年祭を例にすると、二〇一一年は中止し、二〇一五年は規模を縮小しながらも開催し、二〇一九年には手踊りが復活して、勇壮な海上渡御も行なわれた。そして、次の五年祭はもっと大きくなると、未来を見据える力を与えてくれていた。

人びとをつなぎとめる装置として

このように見てくると、部落ごとに受け継がれてきた民俗芸能、各町で執り行われてきたお祭りや年中行事があるおかげで、人びとは集い、力を合わせる機会を得ているのだとわかる。「津波で犠牲になった方々のために」「こんな時だからこそ元気を出すために」「町の復興を祈願するために」、理由はさまざまだが、震災から間もなくして、ともかくも民俗芸能やお祭りを執り行なっていった。

当時、津波によって地域は分断されていた。津波の到達地点は明らかな分断線をつくり、家を流された人とそうでない人を分けてしまった。家を流された人は、家族が犠牲になった人から、まだましと見られた。たまたま津波に巻き込まれ犠牲となった方がいる家では、津波が来なかった近所では話しづらくなった。こんなふうに、地域は目に見える分断線と目に見えない分断線によって、細かく細かく切り離されていくようだった。民俗芸能やお祭りは、そんなばらばらになってしまいそうな人びとをつなぎとめる装置として、存在していた。お祭りを「途絶えさせたくない」と、先祖から受け継いできたものをつなぎとめることは、今ここで生きる人びと同士をつなぎとめることでもあった。

また、被災して別の地域へ引っ越す人たちの中には、新たな部落の民俗芸能や町のお祭りへ参加する人たちもいる。ここでも民俗芸能やお祭りは、人びとをつないでいる。もちろん、民俗芸能をやる気持ちになれない、お祭りには参加したくないという方もいただろう。それでも、鹿踊りや剣舞などは弔いや鎮魂の意味合いがあり、このような民俗芸能が、悲しみの最中にある人びとを悼む存在にもなっている。それは、お盆の時に民俗芸能が家々を回る慣習があることからもわかる。華やかな民俗芸能ばかりでないのは、気仙地域が災厄をくり返し経験してきた土地だからなのかもしれない。

三　死者と生者の関係

お祭りにおける弔い

各町のお祭りでよく耳にしたのは、「震災で亡くなった方たちも、観に来ているはずです」というアナウンスである。時には声を詰まらせながら、そう語る方もいた。剣舞が始まる前には、位牌に向かって御焼香し、震災で亡くなった方たちの供養がまず行われていた。もしかしたら、大勢の観客の中には亡くなっている方もいるのかもしれないし、民俗芸能が舞う時、姿は見えない方が一緒に舞っているのかもしれない、そんなふうに感じられた。お祭りは、すべての人びとが集い楽しむ空間であり、そのすべての人びとの中には死者も含まれるように思うのである。

共同体を研究している内山（二〇一五）は、共同体というのは「自然」と「生者」と「死者」によってつくられる世界だと言う。人が自然の上に立つのでもなく、亡くなった者が消えてしまい、生きている者だけが存在するのでもなく、三者がともに暮らすのが共同体であると。共同体は世代から世代へつないでいく社会であり、そのつなぎの中で死もとらえられる。一生を終えて死者となった後は、自然と一体化し先祖となって共同体を見守るのだと。

私が気仙地域に暮らしてきて、死者とともに暮らしているのかもしれない、と思うことはある。それは、時々不思議な現象が身の回りで起きるからでもあるし、不思議な体験をしたという話をよく聞くからでもある。友人たちとそんな話をする時、「まぁ、きっといるね」「もう七回忌なのにまだいるのかな」「戻ってきたかな」と平然としているし、「そういえば、墓参りにしばらく行けてなかったからかも」と、不思議な現象を死者からの呼びかけとして受け取ったりしている。

ともに在る死者と生者

気仙地域でとても興味深い慣習の一つが、オガミサマである。オガミサマは、死者が憑いてご遺族に語りかける「口寄せ」を行なう巫女であり、死者と生者をつなげてくれる。私も、亡くなる前に「死んだらオガミサマを呼んでけらい」と語っていた人がいたとか、遺族が「そろそろ四十九日になるから、オガミサマを呼ぶかねぇ」と話すのを聞いたことがある。民俗学者の川島（二〇一八）によれば、死者の事績や最期を語ることによって供養になるという考え方が、今でも東北地方にはよくみられるという。もっとも有名な口寄せは、青森県のイタコだろう。イタコもオガミサマも激減しており、私が接触できたオガミサマはおふたりだけだった。周りに聞くと、以前は気仙地域にもっとオガミサマがいて、口寄せに限らず、病気や家庭内の相談などにも乗ってくれていたそうだ。

震災が起きた後、オガミサマやイタコを訪ねた方たちがいることとは、これまでに何度も耳にしてきた。災厄による突然の別れは、ご遺族にとって耐えがたいことであり、「なぜ逃げられなかったのか」「なぜ今でも見つからないのか」という問いや後悔を抱かせ続ける。そんな時に口寄せに頼る方たちがいた。死者は「家に戻って津波から逃げられなかった」「おかげさまで、今は元気だよ」と語り、それを聴いて安心し「前へ進める」と言うご遺族もいる。

このような話を聞くと、死者とは、その存在が消えていなくなってしまったのではないように感じる。死者論を論じた若松（二〇一二）は、「生ける死者」ということばで亡くなった方を表現する。死者とは、生者の記憶の中に生きる残像ではなく、私たちの五感に感じる世界の彼方に実在する者であり、そして、私たちに課せられているのは、死者について語ることではなく、死者と生きることだという。死者と生きる。死者とともに在る。その感覚は、口寄せを通じても、また民俗芸能やお祭りを通じても、感じられるものであった。

死者と生者がつながる場は、震災後にも新たに生まれた。陸前高田市の漂流ポストである。林の奥にひっそりとたたずむポストから死者へ手紙を出すことができる。私も何度か訪れたが、静寂に包まれたその場所は死者を想うのにふさわしく、木々の上に広がる空を見ては、願った人が近くにいるのかな、と思ったりもした。気仙地域ではないが、似たような場として、大槌町の風の電話がある。小高い丘の手入れの行き届いた庭にある白い電話ボックスから、死者に語りかけることができ、映画にもなった。漂流ポストも風の電話も、多くの方たちが訪れていたという。そして、口寄せやお祭りなどの慣習が残っている地域だからこそ、死者と生者が出会う新たな空間が、自然と受け入れられたのではないかと思われた。

その一方で、このような場には「まだ足を運べない」と言うご遺族もいた。気仙地域の慣習の持つ力に魅了されていた私であったが、そこに納まることのない物語があることも、忘れずにいたい。

四　被災地の外からやってくる者たち

専門家による支援について考える

震災後、気仙地域でも、グリーフケアとかグリーフサポートとか、聞きなれない支援が展開されてきていた。喪失を抱える人たちが集まり、日常生活の中ではなかなか語れない自身の喪失について語り、同じような体験をしている方と気持ちを分かち合うという目的で行われているようである。震災が起きた当初、こんな場面でこそ臨床心理の専門性は力を発揮する、と私は思っていた。けれども、ご遺族に見守られながら遺影の前で舞う鹿踊りを見るたび、また声を詰まらせながら死者に呼びかけるお祭りのアナウンスを聞くたび、そして口寄せで死者と語り合った人の話を耳にするたび、喪失を悼むやり方はその地域によって異なるという、とても当たり前のことに気がつき始めた。そこには、別に臨床心理の専門家はいらないのである。

考えてみれば、グリーフケアというのは西洋からやってきた支援方法である。喪失の受け止め方は、その人の死生観や信仰によっても変わってくるであろうし、それらは地域共同体の影響を強く受けてもいるであろう。専門家が持ち込む支援というのは、たいていは日常生活から切り離された特別な場所で提供される。それは、ともすると災厄で分断されている人びとを、さらに分断させ孤立させていくことにつながりかねない。西洋でつくられた支援方法が、世界中の災厄が起きた地で、普遍的に使えるわけではないのである。

私がこんなふうに考えるようになったのは、支援する人という肩書を降ろし、一住民として暮らす中で、周囲の人たちからたくさんのことを教えてもらってきたからである。そしてまた、プロジェクトでさまざまな土地を訪れ、それぞれの土地の歴史や風土、文化に触れ、地域には災厄を生きていく力がもともとあるのだと、感じることができたことも大きい。

東日本・家族応援プロジェクトin宮古

二〇一八年、大学院生として初めてプロジェクトへ参加した。それまで村本先生からプロジェクトの話は聞いてきていたし、大船渡や宮古のプロジェクトには顔を出したこともあったのだが、大学院生の立場で参加することが楽しみであった。宮古のプログラムは、地元の社会福祉法人若竹会が企画してくださっており、クレヨンや絵の具を使った、誰もが楽しく参加できる企画であった。支援者支援セミナーでは、地元で対人援助に携わる職員が集まり、大学院生も一緒に、家族造形法を使って事例のとらえ方を学んだ。こんなふうに、私たちのプロジェクトとその土地をつなげてくださった媒介者がいたのだと知った。

一日のプログラムを終え、夜の交流会が行なわれるレストランへ向かう道を歩きながら、若竹会のスタッフの方とお話しした。ご自身も被災されていたとのことだった。まだまだ大変な中で、プロジェクトを受け入れてくださっていたのだと思う。外からの来訪者を放っておかず、親切にしてくださるところが、どこか、私の住む気仙地域の人たちと似ていると感じた。

宮古のプログラムでは他にも、震災当時の状況をお話ししてくださった自治体職員の方、田老の学ぶ防災ツアーで案内してくださった方、民話を聴かせてくださった方など、プロジェクトの中で多くの人たちとの出会いがあった。浄土ヶ浜へ行くために偶然乗ったタクシーの運転手は、「やっぱり先祖から受け継いだ土地があるし、ここから離れらんないね」と語っておられた。災厄の中でも、人はそれぞれの場所で懸命に生きていく。それぞれの人、それぞれの地域に震災と復興の物語があり、私たちはその証人となり、学んだことを次へつなげていく責任があるのだと思った。

五　災厄を生きる

主体的に動き出す地域

あらためて、気仙地域の震災と復興の物語を考えてみようと思う。災厄の渦中にいる人びとは、家を流された人、大切な人を亡くした人、仕事を失くした人など、その喪失の違いにより分断させられていく。そんな災厄の中でも、自分たちができることを見つけていく。それが民俗芸能やお祭りであった。それらは、震災前の日常を思い起こさせ、自分たちがたしかに今生きている、という感覚をもたらしただろう。

人類学者の松嶋（二〇一八）によれば、地域とは、そこに暮らす者たちが相互扶助の絆で結ばれ、「そこで生きている」と感じられる場所である。松嶋はイタリアの精神病院撤廃運動を例に挙げ、分断された中で個別の治療や社会復帰をめざすのではなく、自分たちには、生きていることを実感できる場を形創る力があり、その力を発揮していけるところが地域だという。

震災後の気仙地域で、民俗芸能やお祭りが次々と執り行なわれていった現象は、松嶋の挙げる例とよく似ているように思う。臨床心理の専門家は、異なる被災体験を持つ個人ひとりひとりを対象として支援しようとする。他者と簡単には分かち合えない苦しみを抱えるからこそ、その個人を大切にし、心を寄せていく。その一方、民俗芸能やお祭りは、そんな苦しみを抱える個人をも含みこみ、生きていると感じることができる場を創り出していった。自分たちが動き始め、自分たちの手で、自分たちが形創っていく。民族芸能やお祭りを執り行なっていくことは、震災で奪われた主体性を、地域自らが一つずつ取り戻していく過程であったように感じるのである。

新型コロナウイルスの登場

かつて気仙地域の学校で歌われていた津波歌が、戦争で歌われなくなってしまったというが、災厄の記憶は新たな災厄で上書きされてしまう。二〇二〇年から、新型コロナウイルスという新たな災厄に、世界中が呑み込まれている。震災当時、十年後はどんなふうになっているのだろうと、思い巡らせたこともあったが、まさかこんな十年目を迎えるとは思っていなかった。実のところ、私は都心に住んでいないため、新型コロナウイルスが猛威を振るうという感覚が、いまひとつつかめないでいる。不自由な生活を強いられていることはたしかであり、災厄は災厄なのであるが。

そんなある日、風邪を引いた。突然高熱が出てふらふらになったが、一晩寝たら熱も下がりだいぶ症状は落ち着いていた。けれども、世の中は新型コロナウイルスへの警戒が続いており、私は当分家から出ない方がよいだろうと引きこもることにした。いつもふらっと家にやってくる友人たちにも、近づかないようにという意味も込めて、状況を伝えておいた。少しして、友人たちから「笠地蔵しに行くよ」と連絡が入り始めた。スポーツドリンク、収穫したばかりの大量のナスやトマト、獲れたてのホヤなどが次々に届けられた。こんなことが行なわれるこの地域が、私はとても居心地がよいのである。「笠地蔵」は新型コロナウイルスが登場してから、私たちの間で流行語になっている。ささやかな助け合い、ささやかな分かち合いは、甘竹（二〇二〇）が指摘した「逆境をバネに、多くの人たちが住みよい地域にするために頑張り続けてきた」地域の精神が、今を生きる人たちにも染み込んでいるようである。

関係を紡ぎなおす「土着の知」

民俗芸能やお祭り、口寄せなど、気仙地域の慣習や文化を取り上げ、死生観にもふれながら、震災後、それらがどんなふうに人びとや地域を支えたのかを見てきた。私には、地域の慣習や文化は、災厄で切れてしまった関係を紡ぎなおし、一枚の布を織っているようなイメージがわくのである。民族芸能やお祭りは、先祖から受け継いできたものを紡ぎながら、ばらばらになった人びとを集わせ、おそらく死者をも招き入れ、新しく地域に入ってきた人も含めて、新たな関係を紡いでいく。口寄せは、生ける死者となった方との関係の紡ぎなおしである。災厄を生きるということは、さまざまな関係を紡ぎなおしながら、災厄が起こらなかったらと仮定した時とは違う布が織られていく。そして機織りの役目を果たす慣習や文化は、その地域に古くからある「土着の知」である。気仙地域は、何度も災厄を経験してきており、けっして暮らしやすい土地ではなかったが、そのおかげで、土着の知が育まれていったように思う。

東日本大震災の被災地には、おそらくそれぞれの土着の知がある。村本先生が熱く語っていた民話の活動もそうだろう。世界を見渡せば、災厄が起きた土地にそれぞれの土着の知があるのかもしれない。

おわりに

人類の歴史は災厄のくり返しである。東日本大震災から十年経たずに新たな災厄が起きている。大きな喪失や痛みを経験しながらも、人は生きていく。けっしてひとりで生きるわけではなく、また専門家のみを頼って生きるわけでもない。かつての災厄を生きた人びとから受け継がれた土着の知が、地域の土壌に染みわたり、培われ、今の災厄を生きる人びとを支えている。こんなふうに、私の興味関心も変化してきた。十年前、臨床心理の専門家として支援をしようとしていた私からすれば、考えられない変化である。私自身に大きな影響を与えてくれた気仙地域でお世話になっている方々、東北で出会った方々に深く感謝しつつ、この物語を閉じようと思う。

謝辞
前田鹿踊り顧問の村上富也さんには、貴重なお話を聴かせていただきました。ここであらためて感謝申し上げます。

文献

甘竹勝郎（二〇二〇）『気仙の歴史探訪』東海新報社
川島秀一（二〇一八）「災害死者の供養と伝承」高倉浩樹・山口睦編『震災後の地域文化と被災者の民俗誌』新泉社

松嶋健（二〇一八）「地域」奥野克巳・石倉敏明編『Lexicon 現代人類学』以文社
内山節（二〇一五）『いのちの場所』岩波書店
若松英輔（二〇一二）『魂にふれる　大震災と、生きている死者』トランスビュー

第四章

「災厄の民話」を〈語り‐聞く〉ことの意味
――小野和子と「みやぎ民話の会」の活動を通して

鵜野祐介

「民話」の中には、災厄の記憶を刻印する物語が数多くある。地震・津波、台風・豪雨、戦争・紛争、旱魃・飢饉、そして現下のパンデミック（伝染病大流行）等々。本章では、そうした「災厄の民話」を〈語り－聞く〉ことの意味について、一九七五年に「みやぎ民話の会」を起ち上げ、現在はその顧問を務める小野和子と同会の活動を通して考えてみたい。それは「三・一一」東日本大震災という特定の災厄に限定された話ではなく、数々の災厄と向き合い生きてきた私たちの祖先たちが、理不尽な現実をどのように受け止め、立ち向かい、乗り越えてきたかを学ぶこと、そして「民話」を〈語り－聞く〉という知恵を将来にどう生かしていくかを学ぶことでもあるに相違ない。

一　小野和子の初期の活動　―戦争体験から児童文学、そして民話へ―

小野（二〇一九）所収の「小野和子年譜」とせんだいメディアテーク（二〇一六）所収の「みやぎ民話の会活動歴」を元に、小野とみやぎ民話の会の略歴を年譜にまとめてみた（章末に掲載）。小野の前半生の経歴から浮かぶキーワードは「戦争」と「児童文学」である。

思えば、わたしの旅の根には、小学校五年生で体験したあの「戦争」がありました。生地は山襞に隠れるようにしてたたずむ小さな町でしたが、やがて来る空襲に備えて、町の中心部に家屋疎開の命令がくだり、取り壊しの期限が八月十五日だったのも皮肉です。わが家も土蔵二つを残して、店舗と住まいを自ら手で取り壊し、その作業がほぼ終わったところで天皇の「放送」を聞いたのでした。……　幼い生活は一変し、登校した教室では、先生が黒板に「自治」という見慣れない文字を大きく書いて、「以後は、これでいくのです」と言われ、大切に扱ってきた教科書に黒々と墨を塗りました。真っ黒になって意味がつかめなくなったそれを読みました。……わたしは目に見えない傷を負ったまま成長し、信ずべきものを無意識にいつも求めて生きていたのかもしれません。初めて民話を語ってもらった時、その語りに滲む物語の世界の深みと、この土台文化を支えてきた底辺の暮らしの健気に心を奪われました（小野二〇一九「あとがき」）。

小野が戦争によって負った目に見えない傷とは、「信ずべきもの」や「変わらないはずのもの」とそれを支える「暮らし」が理不尽にも壊され、失われ、変わっていくことへの哀しみだったと言い表せようか。教師をはじめとする大人たちが「八・一五」を境に思想信条や価値観を百八十度転回させるのを目の当たりにして、その転向に抗うこともできず彼らに従うより外なかった、しかも彼らの求める子ども像を健気に演じていた自分に対するやるせなさを噛みしめていたのかもしれない。

そうした哀しみややるせなさは、東京女子大学文学部に進学後、ピノッキオやアリスをはじめとする天真爛漫で個性豊かな子どもたちが登場する児童文学の世界へと小野を向かわせる。幼い日、運動場に山と積まれて燃やされているのを見た童話の本の中にこそ、「信ずべきもの」「変わらないもの」があると直感したのかもしれない。

こうして幼少期に読むことが叶わなかった児童文学の世界にのめり込んでいった小野だったが、卒論研究に選んだ小川未明の描く子ども像は決して天真爛漫で個性豊かな姿ではなく、「大人に対して絶対に弱い……命令に服従せずにはいられない」、かつての自分自身の姿に重なるものだった。小野は未明作品の特徴を次のように捉えている。「未明はつねに子どもを究極には『被害者』の姿で描き、『弱き者』としての子どもが、その非力のゆえに絶望を余儀なくされる状況を描いています。未明の作品のなかの少年たちは、いつも未明が味わった『憤怒と屈辱』の思い出をくぐった悲しみのなかで描かれているといってもよいでしょう」（小野一九九八：一六）。「ヘルプレス（自らたすけることができない）な、本来たよりない存在」（小野一九九七：二）としての子ども像を描いた未明の初期作品（一九〇九～一九二六）に注目した小野は、卒論を書き上げた後、結婚、仙台への引っ越し、子育てと続く生活の変化の中でも断続的に未明研究を続け、また児童文学の創作や翻訳の活動をおこなった。しかしこの時期の児童文学研究の潮流は「伝統批判」にあった。小野とほぼ同世代の、古田足日、鳥越信、山中恒、神宮輝夫、いぬいとみこ、佐藤さとるといった、

「敗戦と、それにつづく国民的な混乱の中にあって、一九五〇年代から一九六〇年代にかけて自己形成あるいは自己主張をしなければならなかった世代の児童文学者たち」（小野一九八三：二九）が、小川未明、浜田広介、坪田譲治などの「伝統的な近代童話」を激しく批判し、これを否定した上で、現代児童文学の新たな手法を獲得しようと企てた。

そして、こうした潮流の下に展開された同時代の日本児童文学作品に見られる理想的な子ども像とは、「自分の考えをもってきびきび行動する」、「物おじをせず教室でも元気に手を挙げる子」であり、未明の描いた「ヘルプレス」な子ども像とは対極的だった（小野一九九七：二）。これに対して小野は、この潮流に抗うように未明作品の価値を「必死に訴え続けていた」が、「『刀折れて矢つきて』の恰好で、すべてを捨てて『民話』に向かった」（筆者への二〇二〇年十一月二日付私信より）という。この時、小野の背中を押したのは、松谷みよ子との出会いだったと考えられる。

一九二六年生まれの松谷は、五〇年代から六〇年代にかけて自己形成や自己主張をした戦後世代の児童文学者という意味では、古田や山中らと同じく「現代児童文学」の旗手の一人と見なせる。ただし、古田らが批判し否定した「近代童話」の代表的作家の一人、坪田譲治を、松谷は終生、師と仰いだ。そして師である坪田が「民話」を自身の創作の源としていたように、松谷もまた「民話」を創作の源と考えた。「伝統」を継承しようとする姿勢において他の同時代の児童文学者との際立った違いを見せる松谷文学の特性を、小野は次のように指摘する。

松谷みよ子にとって、師とは、ひとり坪田譲治を指しているのではない。坪田譲治のほかに、民話と民話を語る人びとが彼女の師であったし、彼女自身の子どもを含めた「子ども」たちも、やはり師であった。それらが師であるといっておかしければ、彼女は自己の内にたえず師を発見し、それを養い育てつづけた強靭な力を秘めていたのだといいたい。……師からもらったものを、あるいは師をとおして継承したものを、自分の身体をくぐらせて、もう一度その師のもとに、愛情こめて返そうとする営みが、松谷みよ子の文学であるといってよいだろう（小野一九八三：二二六－二二九）。

声高に「戦後民主主義」を叫び「伝統」を否定するのではなく、「伝統」を継承し、再創造していく点に松谷文学の本質があることを見た小野は、自らもまた松谷に倣って、「感動を呼ぶ対象」である「民話」の世界に「果敢にも自分を投げ込んで」（同前二二九）いこうと決意したのではないか。一九七〇年、母の一周忌を済ませた三十六歳の小野は、一人で民話の採訪を始めた。ちなみに、小野（二〇二〇）によれば、小野が松谷と実際に初めて会ったのは一九七二年五月、宮城県立図書館の招きにより松谷が仙台へ講演に来た時のことととされる。

二　民話を採訪するということ

ここで、「民話」と「採訪」、二つの言葉について説明しておきたい。まず「民話」について稲田浩二・稲田和子編『日本昔話ハンドブック』（二〇〇二）では「民話［folk-narrative］…民間において口承で伝えられてきた散文形式の物語である昔話・伝説・世間話の総称としての、民間説話の略称」（二四〇頁）と規定されている。「民話＝民間説話の略称」というこの見解は今日の口承文芸学における最も一般的な定義だと思われる。

これに対して木下順二は、「民話とは、民衆生活の中から生まれ、民衆によって口から口へ伝えられていった民間説話一般を指すものと理解してよいと思う」と述べる一方で、「昔話と言ったら、文字どおり過去の話になりますから、そういうことから、そうではないという言葉を使った」として、「現在の民話が現実の中でつくり出され、つくり変えられ、採集され、再話されて変わっていくだろう」という、「現在進行形」もしくは「未来志向」の物語に力点を置き、「昔話」との差別化を図った。そして一九五二年、「民話の会」（後の「日本民話の会」）を発会し、雑誌『民話』を発行して「民話を現代ときり結んでとらえることを志し」た（稲田他一九七七／一九九四：九一四）。

木下はまた、貧しさの中にも平和と民主主義を求めて民衆が力を合わせて生きていこうという生き方が推奨された敗戦直後の一九四〇年代後半から五〇年代にかけて、そうした生き方のエッセンスが民間説話の中に凝縮されていると見て、これを素材とする「民衆のための物語」を再創造することを試みた。「彦市ばなし」（一九四六）や「夕鶴」（一九四九）をはじめとする「民話劇」作品はこうして生まれた。一方、木下の提唱に賛同した松谷もまた「民話の会」に参加し、全国各地を訪ねて民間説話を聞き、これを記録に残す活動をおこなう傍ら、「龍の子太郎」（一九五九）などの「創作民話」を次々と発表していった。つまり、木下や松谷において「民話」とは、「民衆にとって真の幸福とは何か」をテーマとする、民間説話をベースにしながら作者自身の思想や信条を盛り込んで再創造されたものを含む「民衆のための物語」という意味で理解されるものと言える（稲田他同前九一五、鵜野二〇一五：x）。

松谷との出会いをきっかけとしてこの世界に足を踏み入れた小野にとっても、「民話」とは「現在進行形」の「未来志向」的な「民衆のための物語」として当初より意識されていたと考えられるが、約半世紀にわたる「民話採訪」の活動と、とりわけ「三・一一」を通して、その認識は遥かな深化を遂げることとなったと思われる。これについては後ほど詳述することにしたい。

次に、「採訪」についても確認しておこう。民俗学において、調査者が現地を訪れ、その土地に伝わる物語やそれにまつわる習俗を聞き取って、これを記録として残す営みのことを、「採集」あるいは「採話」と称することが柳田国男以来の民俗学や口承文芸学の慣例であった。しかし小野は、これらの言葉の代わりに「採訪」という言葉を選択する（ちなみに松谷みよ子も「採訪」と呼んでいる）。その理由について、小野は次のように説明する。

民話を語ってくださる方を訪ねて聞くという営みを、民話の「採集」や「採話」と言ったりする場合があります。ただ、わたしは、「語ってくださった方」と「語ってもらった民話」は、切り離せないものと考えています。だから、「採集」や「採話」という言葉は使いません。そのかわりに「採訪」と言っています。この「採訪」という言葉には、「《聞く》ということは、全身で語ってくださる方のもとへ《訪う》こと」という思いが込められています。そこで語ってくださる方と聞く者が、ときには火花を散らしながら、もう一つの物語の世界に入ってゆくことにより、深くつながってゆくのです（小野二〇一九：カバー裏）。

「採集」や「採話」という言葉につきまとう「調査者（聞き手）」の「調査対象者（語り手）」に対する「上から目線」の感覚を小野は拒む。聞き手と語り手が対等の立場で向かい合い、もしくは未熟な聞き手が全力を出して語り手に聞かせてもらおうとぶつかっていき、時には「火花を散らしながら、もう一つの物語の世界に入ってゆくことにより、深くつながってゆく」、そんな有り様を表現するために、「採訪」という言葉を理屈抜きで選んだのだという。このような小野の姿勢は、「聞くこと」を最も重要と視る「みやぎ民話の会」の活動の根本原則とも言える。

三 「みやぎ民話の会」の設立と東日本大震災までの主な活動

一人で民話の採訪を始めてから五年後の一九七五年、小野は四名の同志を得て「みやぎ民話の会」を起ち上げ、代表に就任する。それから今日（二〇二一年）まで同会の活動は四十七年に及ぶが、そのうち特に「三・一一」の前までの特徴を、以下の三つにまとめておきたい。

第一には、地名を冠した「民話の会」の多くが民話を「語る」活動に重点を置いているのに対して、「みやぎ民話の会」は前述したように「聞く」活動に重点を置いていることである。

第二に、採訪によって聞き取った語りを記録し、これを社会に還元することに大きな比重を置いていることが挙げられる。一九七七年から「みやぎ民話の会」の会報（のち『民話』と改題）を発行し、一九八五年から採訪記録「みやぎ民話の会資料集」の作成を開始、一九九一年からは「みやぎ民話の会叢書」の刊行を開始する。この他、宮城県教育委員会や出版社などの企画や依頼に協力して各種の民話資料集を編纂し、小野個人としても、子ども向けの読み物や絵本や紙芝居などを出版する。さらに一九九六年から「みやぎ民話の学校」を二、三年に一度の間隔で開催していく。自分たちが聞いた民話を自分たちのところで終わりとするのではなく、同時代の人びとや次代を担う人びとの手に届け、民話の面白さや大切さを共有してもらうことに努めたのである。

第三の特徴は、「反－権威主義」の立場を貫こうとする点である。大学や研究所などの公的機関の肩書すなわち権威を後ろ盾として、より多くの、もしくはより珍しい資料を集めようとする幾多の「専門家たち」とは距離を置き、名もなき「中年の女」として、人に迷惑をかけながらでも、お話の施しを求めてあちこち歩く「お話乞食」であろうとする（小野二〇一九：三三五）。

以前、地元の放送局の人と一緒に取材にいったことがあったが、彼らと一緒だと必ず一定の収穫があり、すぐに信用してもらうことができた。無駄足を踏むことは一度もなかった。そして、「放送局の名前を使ってもいいですよ」とも言ってもらった。けれど、わたしは半ば意固地になって、自分自身でぶつかっていきたいし、そのようなわたしを受け止めてもらって、そうして得たものだけを信用しているのである（同前三六）。

四　東日本大震災以降の三つの出会い

二〇一一年三月に発生した東日本大震災と福島原発事故は、小野や「みやぎ民話の会」の活動に大きな変化をもたらした。というよりも、より正確には「三・一一」をきっかけとして生まれた出会いによってこれらの特徴がある種の化学反応を起こし「窯変」したと言い表せるかもしれない。出会いの相手とは、第一に震災や原発事故で被災した当事者たち、第二にせんだいメディアテークを活動拠点とする若い世代の表現者たち、そして第三に「民話」に関心を持つ思想家たちである。

まず、「三・一一」の直後から小野たちは、かねてより交流のあった被災地の語り手たちの消息を尋ねて回ったが、しばらくして次のような便りをもらうことになった。一通は、福島県新地町で被災して自宅を流され、東京の息子のところに引き取られていた当時八十七歳の小野トメヨからの手紙。

……郵便が届いておるよ、と渡されて封書のお名前を見ただけで、アラッと嬉しく嬉しくなって、封を切らないうちから涙がこぼれ、今まで我慢していた何かが堰を切ったように、涙が止まりませんでした。……失った全てのものが戻ったような嬉しさだったと思います。……私には民話があるのだということに気付きました。生きている限り私は民話でがんばろうと自分で自分を励ましました（四月六日付小野和子宛封書より、小野二〇一五：三八）。

また、宮城県山元町で被災し、家屋敷と田畑を全部流された、当時七十七歳の庄司アイからも次のような便りが届く。

形あるものは何一つなくなりましたが、私には民話が残っていました。これからは、これを私の命綱にして語り続けようと強く思うようになりました。民話をやっててよかった。これからも、私の体に残った民話を少しずつ小分けに語りたいのです。よろしくお願いします（同前三九）。

その他にも、何人もの被災者たちから「民話に生きる力をもらっている」という言葉が相次いで寄せられた。そうした声に後押しされて、小野は同年八月に「第七回みやぎ民話の学校」を被災地である南三陸町のホテル観洋で開催することを決意する。

当日は全国から二百名を超える参加者があり、第一部では、震災により自宅二階に収蔵していた膨大な資料を喪い、何より母上が行方不明のままという状況にあった気仙沼在住（当時）の民俗学者・川島秀一の基調講演、第二部では、前述の小野トメヨや庄司アイを含む六名の被災者による震災体験の語り、夜には懇親会や「語りっこの時間」、翌日午前中には「避難所での民話語り」などのプログラムが組まれ、二日間にわたって行われた。そしてこの学校の記録は、翌年三月、みやぎ民話の会叢書第十三集『「第七回みやぎ民話の学校」の記録 2011.3.11 大地震 大津波を語り継ぐために ―声なきものの声を聴き 形なきものの形を刻む―』として発行された。

被災者たちとの「再会」は、小野たちに「三・一一」を記録し保存・継承しようという取り組みとして展開されることになった。DVD『3・11 あの日を忘れない』（東日本放送）の制作に協力し、また被災者自身が自分たちの震災体験や避難体験、さらには震災前の町や村の様子を記録し保存しようとする取り組みに対して助言と励ましを与えた。前述の庄司が代表を務めるやまもと民話の会『小さな町を呑みこんだ巨大津波』（全三集、二〇一三年に小学館から一冊になって再刊）、早坂泰子・河井隆博・小野和子共編『閖上 津波に消えた町のむかしの暮らし』（二〇一四）、双萩会（編集協力・みやぎ民話の会）『双葉町を襲った放射線からのがれて』（二〇一六）等である。

一方、これと連動するように、宮城県内外の、語ることを活動の中心に据える民話の会や語り手たちが、震災後中断していた活動を再開し、旧世代から受け継いだ昔話や伝説とともに震災体験も語る「昔ッコ（昔話）」の会を小学校や図書館・博物館などの公共施設や高齢者施設で開くようになった（例えば、多賀城民話の会、女川町の安倍ことみ等）。こうして、みやぎ民話の会は被災した当事者たちの自発的・主体的な〈語り－聞く〉営みを後押しする役割をも担ったのである。

次に、「若い世代」との出会いについて。キーパーソンの一人で、「三・一一」当時せんだいメディアテーク学芸員だった清水チナツによれば、両者の出会いは二〇一一年五月三日にメディアテークが「三がつ一一にちをわすれないためにセンター（通称「わすれン！」）」というアーカイブ・プロジェクトを開設したのがきっかけだった。

「わすれン！」には、「この震災を自身の手で記録したい／記録活動を手伝いたい」と考えている協働者のプラットフォームとしての機能と、寄せられた記録を保存・公開する機能の二つがあった。開設して間もなく現れたのが民話の会で、同年八月に予定されていた震災の経験を語り聞く「民話の学校」の映像記録と、これまでに記録してきた音声資料などの整理と公開を依頼された。ここから民話の会と協働で「民話　声の図書室」プロジェクトを立ちあげることになった（せんだいメディアテーク二〇一六：一六八－一六九）。

ここに集ったのが、二〇二二年の第九四回アカデミー賞で外国長編映画賞を受賞した映画監督の濱口竜介をはじめ、酒井耕、福原悠介、瀬尾夏美、小森はるか、志賀理江子といった若きアーティストたちである。彼らは、小野やみやぎ民話の会の活動を通して「民話」と出会い、自身の表現活動を「窯変」させた。小野『あいたくて　ききたくて　旅にでる』二〇一九（以下『あいたくて～』）の末尾に収載された濱口と志賀の寄稿を紹介する。

《ａｓｋ》も《ｖｉｓｉｔ》も日本語ではともに「たずねる」ですが、小野さんはずっと自らの足で語り手のところにからだを運び、全身でたずねていたのではないか、小野さんが自分自身を相手に捧げるようにして「聞く」ことによって、語り手の底に眠っていた民話はあんなにも生命力を持って語り－聞きの場にあらわれたのではないか、と想像します（濱口：三四九）。

小野さんは、民話を探し求めて歩く理由に「ただ、喉の渇きを潤してもらいたくて」とだけ、ささやかに言う。それは、幼き頃に壊れてしまった世界との関係性を再度信じるための、切なくも正直なつぶやきのようにも聞こえる。……小野さんは、歌をうたって聴かせて、と何度もせがむ子のようなのだ。失ったからだの一部を探し続ける亡霊のようなのだ。民話を求め歩く道すがら、山道でたった一人、ここで消えてもいいとすら思う小野さんにとっては、その山奥にある闇はただの闇ではなく、言葉以前の静けさに満ちた、もしかすると自由とも言い換えられるような場所なのかもしれない（志賀：三五四－三五五）。

このような彼ら／彼女たちの熱い眼差しを受けての協働作業は、小野やみやぎ民話の会の活動を、現在そして未来と切り結ぶものへとより明確に方向づけていったに相違ない。『あいたくて～』の「あとがき」に小野はこう記す。「この一冊は、民話を乞うて歩いたわたしに施された尊い言葉からなっています。そして、その言葉をたどたどしく記した文集に目をとめてくださった清水チナツさんとその友人たちの手によって生まれました。みんな三、四十代の若い表現者たちです。わたしはそれがなによりもうれしいです」。

第三に挙げた、小野やみやぎ民話の会の活動に触発されて「民話」への関心を表明した思想家として、鷲田清一と野家啓一がいる。まず、臨床哲学の立場から、身体・他者・言葉・教育・アート・ケアなどを幅広く論じ、朝日新聞連載「折々のことば」の著者としても知られる鷲田は、せんだいメディアテーク館長として「わすれン！」のプロジェクトにも有形無形の支援をおこなってきたが、小野の活動と「民話」の本質について次のように指摘する。

……「語るということは、沢山の人の思いを背負った物語を背中に背負っているんだ」と、小野和子は語っている（講演「民話のおもしろさ、つよさ、ふかさ」）。〈民話〉は特定のだれかについて語るものではない。しかし、〈わたし〉のなかにあって〈わたし〉よりも古いもの、つまり〈わたし〉の思い、〈わたし〉の情動が生れ出ずるその原初のかたちを象ってきた境域（エレメント）に根を下ろしているかぎりで、だれにも通じるものである。そういう、各人がこれまで意識することのなかったような幽明の境へと、「物語」はひとを奥深く引き込んでゆく。ひとはそういう場所へ呼びだされるのである。「歌はおもやいのもの」と谷川健一は言った。つまり人と人を繋ぐもの。だがそれは同時代を生きる人のみならず、時代を跨いで人を繋いでゆくものという意味でもある。時の流れを堰き止めるかのようにひたすらくり返される語り継ぎのなかで（せんだいメディアテーク二〇一六：一八五－一八六）。

この時、「歌」や「民話」が繋ぐ「人」とは、生きている人（生者）同士だけではなく、死者と生者のことをも、鷲田は念頭に置いていたに相違ない。小野やみやぎ民話の会の活動との出会いを通して、「民話」の本質は社会や時代や生死の境界を跨いで人と人を繋いでゆく点にあると鷲田は受け止めたのである。なお、朝日新聞二〇二〇年四月五日付「折々のことば」には、小野の『あいたくて～』から引用された言葉「わたしはいま負けたくないのではなくて、負けるだけの力がないのだと思う」が紹介されている。

一方、鷲田と同じ一九四九年生まれで、仙台市在住の哲学者であり、『物語の哲学』の著者としても知られる野家は、二〇一五年十一月にせんだいメディアテークで開催された小野とのトークセッションの中で、次のように発言する。

小野さんは結局、例えば考古学が地面からモノを掘り出して、過去の生活を再現するということをやっているのに対して、我々が暮らしている日常の世界を支えてきた心を掘り出すような作業を続けてこられたのではないかという気がしました（同前一二三）。

震災の直後でしたか、［宮城県］名取市でクリニックを開いておられて、ご自身も被災されたんですが、被災された方々の心のケアに携わっておられた桑山紀彦という精神科の先生が、悲しいことは忘れ去るのではなくて、ひとつの自分の物語りに語りなおすことによって初めて救われるというか、自分の気持ちを整理することができる。だから忘れ去ってはダメで、辛いことではあっても、それを他人に語ったり、あるいは他人と共有することが、心のケアにとっては重要なんだとおっしゃっています。その辺が物語りというものが持っている力（な）のかなと、お話しをうかがっていて感じました（同前一四二）。

野家もまた、鷲田と同様に、小野たちの活動の中に「語ること／物語ること」と「聞くこと」の本質とその今日的かつ臨床（＝現場に臨んで抱く感覚）的な意味を見出していることが分る。そして、彼らとの交流を通して、小野たちのこれまでの活動に理念的な裏付け（意味）が与えられるとともに、これからの道しるべが示されることにもなった。

ところで、小野やみやぎ民話の会の活動はこれまで、管見の限り口承文芸学の「専門家たち」によって高い評価を受けてきたとは必ずしも言えない。「三・一一」の後、にわかに社会的な注目を集めるようになったが、それは主に、以上紹介してきたような三つの立場の人びと、つまり震災当事者とその支援者たち、清水をはじめとする若い世代の表現者たち、鷲田や野家のような思想家たちといった、いわば「民話」研究の外側の世界からの声を通してのものであって、内側からのものではない。それは何故か。第八節において述べてみたい。

五　東日本・家族応援プロジェクトとの関わり

私（鵜野）は、前述したみやぎ民話の会叢書第十三集『2011.3.11大地震 大津波を語り継ぐために』を読んで強い感銘を受け、同会の事務局を担当していた加藤恵子に連絡を取り、二〇一四年三月、加藤が仙台市内の八本松小学校でおこなった「おはなし会」を参観した。この時、同年八月下旬に宮城県丸森町で「第八回みやぎ民話の学校」が開催されることを知り、東日本・家族応援プロジェクトのリーダーである村本邦子を誘い、この学校に参加した。また同年九月十一日、小野和子を京都に招き、立命館大学衣笠キャンパスで同プロジェクト関連企画として小野の講演会「『語る－聞く』という営み ―東日本大震災の波をくぐって―」を開催した（この時の講演録は、村本他編『臨地の対人援助学 ―東日本大震災と復興の物語―』晃洋書房二〇一五に収載）。

その後、毎年十月第一土曜日に多賀城でおこなった同プロジェクトの、わらべうたや語りや伝承遊びを味わい楽しむプログラムに、加藤は毎回のように参加してくれて、「民話」語りも引き受けてくれた。また、「民話の学校」で多賀城民話の会の代表（当時）・斎藤ゆゑ子と知り合ったことがきっかけで、二〇一四年以降毎年のように多賀城民話の会が十月上旬の多賀城プログラムに出演してくれた。さらに、この「民話の学校」では岩手県遠野市の語り部・大平悦子とも知り合い、二〇一六年以降、毎年十一月上旬の宮古プログラムのフィールドワークの一環として、遠野にある大平の自宅離れに移築された藁ぶき屋根の古民家で、囲炉裏を囲んで、燃える炎と立ち昇る煙、そして薪のはぜる音を聞きながら、大平の「昔ッコ」を聞かせてもらうようになった。

その後も、村本と私は、個人的にみやぎ民話の会「民話ゆうわ座」や「やまもと民話の会発足二十周年の会」（二〇一八年三月）に参加するなど、みやぎ民話の会ややまもと民話の会への取材を重ねていった。そして、二〇二〇年二月の同プロジェクト・シンポジウムでは、前述の瀬尾夏美に講演をお願いし、続く二〇二一年二月の同プロジェクト・シンポジウムでは福原悠介の講演、また福原が監督を務め、みやぎ民話の会の現代表・島津信子が出演するドキュメンタリー映画「飯舘村に帰る」の鑑賞、そして島津にもパネリストとして参加してもらうなど、みやぎ民話の会とその関係者の方々には、同プロジェクトに深く関わってもらうことになった。

このことは、小野やみやぎ民話の会の考える「民話」を〈語り－聞く〉という営みが、同プロジェクトの趣旨「被災と復興の証人となること」と、その根幹部分において共鳴し合うものであることを示唆している。この共鳴の有り様は、鷲田の次の言葉が的確に言い当てていよう。

ここでもう一つ重要なことがある。〈語り〉は独り言ではなく、だれかに向かって語られるものだということ。〈語り〉は、すでに見たように、起承転結を整えられた〈話〉である。苦しみに埋没し、あっぷあっぷしているじぶんをじぶんから引き剝がし、疎隔化して、だれか別の人のことのように語りだすことである。とどのつまりは、体験を共有していない他者にも理解可能なものとして、散逸しそうなじぶんを〈語り〉のなかでまとめること、まとめなおすことである。〈語り〉なるものへの〈話〉のこうした整えには、だから、他者という立会人が、証言者が要る。相づちを打つことで〈語り〉が起動する瞬間を支えるのである。さらにそのためには、〈語り〉が拓かれる場は、ここでは何を言っても咎められない、撥ねつけられないという安心感に満ちた場であることが求められる（鷲田二〇一六：一八三―一八四、傍線筆者）。

同プロジェクトが目指してきた「証人」としての立場とは、鷲田のいう「他者という立会人」「証言者」となることであり、「相づちを打つことで〈語り〉が起動する瞬間を支え」、「安心感に満ちた場」を提供することに他ならない。そして、私たちのこうした目論見がどこまで達成されたかを検証し、未達成の部分への反省を踏まえて、今後も起こるであろう様々な災厄に直面した際にどう対処すればよいのかという次へのステップを構想していくためにも、小野やみやぎ民話の会における「民話とは何か」や「聞くとは何か」についてしっかりと押さえておく必要があるだろう。

六　小野和子の民話論と「聞くということ」

それでは、『あいたくて～』を元に、小野和子の民話論と「聞くということ」の意味を考えてみたい。まず小野にとって「民話」とは、「のっぴきならない現実に追い込まれたときに、そこを切り抜けていくために生み出された『あり得ない』物語の群れ」（三一四）であり、それ故に、語り手にとっての「ほんとうのこと」、真実の物語であるという。語り手は、「あんたはおれの話を信ずるか。信ずるなら昔話も語るよ」（三一四）と言って、手渡す相手を選ぶ。そして、語り手が語らずにいられない「ほんとうのこと」を確かに語ることができた、手渡せたと実感して語り終えた時、「聞く」という行為が成立したと言えるのだと小野は言う。

ただし、聞く側は心を空っぽの状態にして何でも事実として受けいれたらいいかというと、決してそうではない。「語り継ぎの場は、『山を越えて』『街へ出て』語りを聞こうとする意志に支えられた聞き手と、語ろうとする語り手との、対等なぶつかり合いの場」（五七）であり、「あなたにとってのほんとうのことを聞かせてほしい」という願いを、言葉だけでなく全身を通して語り手に伝えることである。そしてその願いを受けとめた語り手が表現する、声や表情や身振り手振りのすべてからなるメッセージを全身で受けとめ、「確かに受けとめているよ」「それで次は？」というメッセージを「相づち」として聞き手が送り返すことであり、さらに聞き手からのメッセージを受けとめた語り手が、より一層自分の心の奥底にある「ほんとうのこと」や、自分がかつて聞き手として受けとめた先人たちにとっての「ほんとうのこと」へと分け入り、これを相手に手渡そうとすること、そうした語り手と聞き手のやりとりの全体が「聞く」という行為だと小野は言う。

それ故、「聞く」ということは聞き手と語り手の双方に自己変容や自己解体を迫るものとなる。「ほんとうのこと」のやりとりを通して、それまでの自分が持っていた「コスモロジー」すなわち人間観・自然観・世界観・死生観などを包含する宇宙観が揺さぶられ、時には崩れ落ち、解体してしまう危険さえ孕んでいる。そしてまたそこから聞き手と語り手が協働で新しいコスモロジーを創り出そうともする。それは両者の「親和力のみなぎった場所」において初めて成立するとされる。

ところで、前述の濱口は小野から「聞くこと」の意味について、次のように聞いている。

小野さんに「聞く」とはなにか、と漠然とした問いを投げかけたことがあります。小野さんは、田中正造の言葉を引かれました。田中は「学ぶ」ことを指して「自己を新たにすること、すなわち旧情旧我を誠実に自己の内に滅ぼし尽くす事業」と言ったのだと。小野さんが微笑みながら「すごい言葉でしょう」と言われたことを覚えています。当然、ここでの「学ぶ」は「聞く」ことに置き換えられます。小野さんは繰り返し、「聞く」とは古い自分を打ち捨てていくこと、自分自身を変革することなのだと言われました（同前三五〇）。

田中正造は、日本初の公害・足尾鉱毒問題に生涯をかけて取り組んだ栃木の義人だが、おそらく小野は、林竹二との出会いを通して、林が長年にわたって取り組んだ田中正造と遭遇したに違いない。教育学者の林竹二は、『授業・人間について』（国土社一九七三）、『田中正造の生涯』（講談社現代新書一九七六）、『教育の再生を求めて　湊川でおこったこと』（筑摩書房一九七七）、『若く美しくなったソクラテス』（田畑書店一九八三）などの著書で知られるが、彼の教育論の根幹には「対話」ということ、そして「聞く」ということがあった。田中から林へと受け継がれた信念、すなわち「学ぶことは古い自分を打ち捨て、自分自身を変革することである」という教えを、小野は「民話を聞くこと」の真髄として受けとめ、実践していったのではなかろうか。

七　林竹二の教え

小野の『あいたくて～』の年譜には、一九八三年の項に「宮城教育大学学長の林に、夫を通じて知り合う。林氏の全国小・中学校への授業行脚に感銘を受け、同氏の宮城教育大学最終講義を中心にまとめた『若く美しくなったソクラテス』の原稿清書を一部担当した」とある。但し、小野（一九九七）には、一九七六年に林の書いた文章に目を留め、これを反芻しながら書き上げた論文を三年後に発表したと記しており、文章を通しての林との出会いは七〇年代に遡る。ちなみに、林は一九七五年六月に学長職を退いている。一方、「みやぎ民話の会」主要メンバーの加藤と島津は共に宮城教育大学の出身であり、在学当時学長を務めていた林の薫陶を受ける機会もあったと推測される。

こうした経緯の下、二〇二一年十月、プロジェクトのメンバーがせんだいメディアテークでおこなったみやぎ民話の会との座談会にオンラインで参加した私は、小野や加藤や島津が、林竹二から何らかの影響を受けていると感じているのかどうか、またそれはみやぎ民話の会の活動とどう関わると思っているのかについて質問してみた。

私の質問に、お三方とも驚いておられたが、それでも全くの的外れではなかったようだ。小野は次のように答えた。「私の活動の根底には林先生の言葉があった、林先生によって導かれていたと思います」、「プラトンは『私がここに書いているのはすべて、若く美しくなったソクラテスの言葉だ』と言ったそうですが、民話の採訪の活動も同じで、私が書き留めた言葉はすべて、私自身の言葉ではなく、若く美しくなった語り手の方がたの言葉だと思っています」。

この「若く美しくなった語り手の言葉」とは何を意味するのだろうか。この座談会の中で、小野は次のようにも語っている。「聞くということは、誰にでもできそうですが、難しいことなんです」「それは命がけで、自分を壊して相手に向かうことであり、自分との闘いだと思っています」。「対話術」とも呼ばれるソクラテスの問答法に学んだプラトンは、ソクラテスの言葉を「命がけで、自分を壊して相手に向かって」聞くことを通して、その言葉を「若く美しくなった」形で記録に残そうとしたとされるが、これと同じ関係性が民話の語り手と聞き手である小野との間にも成立していた、との指摘ではなかろうか。

一方、島津や加藤は、当時は学生紛争が盛んだったため授業をまともに受けられず、林の謦咳に接する機会もほとんどなかったというが、教師になってから授業映像や写真を通して林の実践に触れ、「教えることは学ぶこと」「学ばないで教えることはできない」という教えを林から学んだ、と自身の学生時代を振り返って答えてくれた。

『若く美しくなったソクラテス』（一九八三）の中で、林は次のように述べている。「問いによって相手から引きだした答を、きびしい吟味にかけることによって、『生けることば』が相手にその核心において正しく受けとめられ、その魂に根を下し、新しい生命を付与されて生きつづける、ということが考えられているのです。そのことばは、相手がふさわしい魂であったときには、蒔きつけられた種子としてその魂の中に根づき、芽をふき育ってゆく」、というのです（一五）。

林の指摘するソクラテスとプラトンとの関係性は、林が一九七一年以降全国各地の小・中学校や高校でおこなった授業実践における、林と児童生徒との間にも成立していたものであり、また、民話の語り手と、その聞き手であり記録者でもある小野たちとの間にも当てはまるものであろう。そしてこれは、人と人が出会い触れ合うあらゆる局面において心に留めておくべきことと思われる。

八 「ほんとうのこと」を求めて

第四節の最後に記したように、小野やみやぎ民話の会の活動はこれまで、石井正己や野村敬子など何人かの例外的な存在を除いて、口承文芸学の「専門家たち」によって高い評価を受けてきたとは言えない。その理由について二つの「ギャップ」という点から考えてみたい。

第一に、小野たちがせんだいメディアテークと協働で「民話 声の図書室」プロジェクトを起ち上げる前の、清水が紹介する次のようなエピソードが注目される。「民話の会はメディアテークに辿り着く前に、その道の公的機関へ相談に出向いてもいたが、著名人の語りではないことや、民話自体にフィクションの要素もあることから資料的価値が評価されず、あまり良い反応は得られなかったそうだ」（せんだいメディアテーク二〇一六：一六八、傍線筆者）。

このエピソードは、語り手と自分たち聞き手との関係をソクラテスとプラトンに比して、語り手の言葉を「命がけで、自分を壊して相手に向かって」聞くことを通して、その言葉を「若く美しくなった」形で記録に残そうとした小野たちの姿勢は、実際に語られた言葉そのままをノンフィクションの記録として残すことに資料的価値を認めようとする口承文芸学の「専門家たち」にとっては、容認し難い「フィクション化」の作業と見なされたということを意味しているように思われる。「文字起こし」と呼ばれる、録音された音声言語を文字化する「記録」の作業は、一見すると「フィクション化」の余地のない、時間はかかる骨折り仕事だが脳みそを働かせる必要のない単純な機械的作業と思われるかもしれない。だが、小野たちの場合には全く事情が異なる。

出来るかぎり聞いたままを記録することに努め、語り手の息遣いや間や、特長ある言い回しを生かして、一つの話が成り立っていく過程を聞き取って、辿ることに主眼を置きました。また、自分の耳で聞き取った音やリズムを大切に考えていくことにして、表記においても、おおまかな線のとり決めはしましたが、細かい点は、聞き手としてのそれぞれの個性と感性に任せました。……未熟な点がたくさんあると思いますが、「語り」の根底にある「聞く」営みと格闘した跡を見ていただければうれしいです（NPO語りと方言の会二〇〇七：三三一－三三五、傍線筆者）。

いわば、聞き手に対して自動文字起こし機械となることを要求する「専門家たち」と、「聞く」営みと格闘し自身の個性と感性を大切にするよう要求する小野との間には大きなギャップがある。小野にとって「フィクション」か「ノンフィクション」かは問題ではない。語り手と聞き手の双方にとって、その話が「ほんとうのこと」と実感できるかどうか、つまりアクチュアリティ（真実性）

が問題なのだ。それはまた、少女の頃の小野が希求した「信ずべきもの」「変わらないもの」とも言い替えられるだろう。そして、「ほんとうのこと」と実感を持って読み継がれていくような記録を残すためには、語り手の言葉を「命がけで、自分を壊して相手に向かって」聞くことを通して、その言葉を「若く美しくなった」形へと磨き上げる工程が求められる。それがたとえ、ノンフィクション（客観的事実）にこだわる「専門家たち」からは「禁じ手」と見なされることになったとしても。

第二の理由として、「専門家たち」と小野たちとの間にはもう一つの大きなギャップがある。前者の大多数が「桃太郎」や「花咲か爺」をはじめとする、「昔むかし」ではじまり「めでたしめでたし」で結ばれる「定型の語り」に関心を集中させて、こうした「語り」のみをできるだけ数多く、また希少価値の高いものを求めて「採集」することに力を注いできたのに対して、小野は「昔話だけをもぎとるようにして聞いて帰るのでは、ほんとうに民話を理解できない」（せんだいメディアテーク二〇一六：一五七）と異議を唱える。

例えば、みやぎ民話の会が二〇二〇年に発行した四枚組ＤＶＤ「福島県奥会津　五十嵐七重の語りを聞く」（非売品）では、合計十一時間九分に及ぶ収録時間のうち、「定型の語り」は五十話余りに過ぎず、しかもそのタイトルは記されていない。その理由について小野はジャケットにこう記す。

その題名一覧を敢えて記していないのは、一話の前と後に語られた切実な暮らしの話が胸に響き、「語り」は「暮らし」のなかにあってこそ光り輝くことを教えられたからです。「語り」

と「暮らし」を丸ごとで味わう稀有な深い世界がここに展開しています。

一人の語り手の「語り」と「暮らし」で一冊の本を作ることを「みやぎ民話の会叢書」の基本方針としたのもまた同じ意図によるものと言える。さらに小野たちは、こうした「暮らし」と結びついた「語り」として「一人称の語りへの試み」と称する「新しく生まれる『語り』」を積極的に聞き取り、記録に残した。この「一人称の語りへの試み」には、「実際に体験したふしぎな話や、心に刻まれた忘れられない出来事や、当時の生活を彷彿とさせる暮らしの話」、戦争体験をはじめとする「生きるための激烈な戦いの足跡」が語られている（みやぎ民話の会二〇一五：二七一－二七二）。「ノンフィクション」であることにこだわり、「暮らし」から切り離して「採集」された「語り」には、もはや語り手の「いのち」は宿っていない。そう考える小野たちは、「専門家たち」の求める学術的資料とは相容れない「ほんとうのこと」を記録して残そうと努めた。その結果、小野やみやぎ民話の会の活動は大多数の「専門家たち」から異端視されることになったのである。

おわりに

だが、「三・一一」を経験した私たちにとって、小野たちが心がけてきた二つの姿勢、すなわち「命がけで相手に向かい、聞くことを通して、その語りを若く美しくなった言葉へと磨き上げて残すこと」と、「語りと暮らしを丸ごとで味わうこと」の重要性が今こそ再評価される時だと感じている。

大震災、原発事故、豪雨災害、そして現今の新型コロナウイルス感染症など、私たちの日常を脅かす理不尽な出来事は誰の目の前にも突然に出現する。その時、この理不尽な現実を受け止め、立ち向かい、乗り越えていくためには、「一人称の語り」を含む「災厄の民話」を語り、聞き、「ほんとうのこと」として記録し、より多くの人びとに伝えていくことが求められる。それが「証人となること」の証しなのではないか。小野たちの想いを今こそ、私たちみんなで共有したい。

文献

稲田浩二他（一九七七／一九九四）『日本昔話事典』弘文堂
稲田浩二・稲田和子編（二〇〇一）『日本昔話ハンドブック』三省堂
鵜野祐介（二〇一五）『昔話の人間学　いのちとたましいの伝え方』ナカニシヤ出版
小野和子（一九八三）「伝統の否定と継承　一九六〇年前後の日本児童文学」教育科学研究会・国語部会編『教育国語』第七二号、むぎ書房
小野和子（一九九七）「小川未明の『学校』（1）」高森山授業研修センター『林竹二研究』第九号
小野和子（一九九八）「小川未明の『学校』（2）」、高森山授業研修センター『林竹二研究』第一〇号
小野和子（二〇一五）「『語る－聞く』という営み　―東日本大震災の波をくぐって―」村本邦子他編『臨地の対人

援助学　―東日本大震災と復興の物語―』晃洋書房
小野和子（二〇一九）『あいたくて　ききたくて　旅にでる』PUMPQUAKES
小野和子（二〇二〇）「総特集＊コロナ時代を生きるための六〇冊　松谷みよ子『現代の民話』」『現代思想　九月臨時増刊号』青土社
せんだいメディアテーク（二〇一六）『ミルフイユ08物語りのかたち　現在に映し出す、あったること』せんだいメディアテーク
林竹二（一九八三）『若く美しくなったソクラテス』田畑書店
みやぎ民話の会（二〇一五）『みやぎ民話の会叢書第十四集　語りたいこんな民話』みやぎ民話の会
NPO語りと方言の会（二〇〇七）『ふくしまの民話集　第一巻　奥会津の伝承　五十嵐七重の語り』NPO語りと方言の会

＜年譜　小野和子とみやぎ民話の会の活動＞

1934	6月18日、小野和子（旧姓：塩瀬）、岐阜県高山市に長女として生まれる。弟2人との3人姉弟。生家は父で三代目を数える店舗を経営。
1941	幼稚園を卒園。「卒園式では、日の丸と海軍の旗を持ち、軍歌を歌った」。国民学校に入学。「真珠湾攻撃を祝した旗行列で日の丸の旗を持ち、雪の降るなか町内を練り歩いた。運動場には、敵国の童話などの本が、山と集められ燃やされた。……この頃、『死ぬことがどういうことかはわからないけれど、戦争で必ず死ぬんだから、その時はどうやって死んだらいいんだろう？』と、幼心に自分の死に際をいくつもイメージしていた」（小野2019：年譜 p. 1）。
1945	8月15日、強制家屋疎開の対象となった生家を、土蔵二つを残して取り壊す作業を終えたところで玉音放送を聞き、第二次世界大戦の終結を知る。
1953	岐阜県立斐太高等学校を卒業後、東京女子大学文学部に入学。図書館で、『ピノッキオ』『不思議の国のアリス』など、幼少期に読むことが叶わなかった児童文学を夢中で読みふける。大学4年時、児童文学サークル「いそぎんちゃく」を立ち上げ、同名の児童文学誌を発行。卒論では指導教官の反対を押し切り小川未明論を書き上げ卒業。
1958	大学時代のサークル活動を通じて親しくなった小野四平と結婚、夫の暮らす仙台へ移住。2人の娘と1人の息子を授かり育てる。
1966	児童文学誌『バオバブ』に参加。
1970	7月、宮城県内で民話採訪を始める（＊小野2019では1969年のこととされる）。
1975	「みやぎ民話の会」を設立し代表を務める（設立当初の会員5名）。『やってきたティンカーとタンカー』（評論社）の翻訳を担当。
1982	宮城学院女子大学日本文学科の非常勤講師として「児童文学」を担当（～2002年）。日本児童文学者協会編『宮城県の民話』（偕成社）の現地責任編集者を務める。
1983	宮城教育大学学長の林竹二に、夫を通じて知り合う。林『若く美しくなったソクラテス』（田畑書店）の原稿清書を一部担当。
1985	会員の採訪記録「みやぎ民話の会資料集」の作成開始。宮城県教育委員会文化財保護課の委託を受け、代表として宮城県内の民話伝承調査に従事（～1988年）。『原爆児童文学集23ちちんぷいぷいとんでいけ』（汐文社）を発行。
1988	『宮城県の民話　民話伝承調査報告書』（宮城県教育委員会）を発行。
1991	みやぎ民話の会叢書第一集『みやぎのわらべうた春夏秋冬　唄と語り・佐藤義子』を監修。
1996	「第一回みやぎ民話の学校」を中新田交流センターにて開催。
1998	『みちのく民話まんだら　民話のなかの女たち』（北燈社）を発行。
2004	地方教育行政功労者文部科学大臣表彰。
2006	『聴く語る創る15 宮城県黒川郡七ツ森周辺の民話』（日本民話の会）を発行。
2011	3月、東日本大震災発生、福島原発事故発生。 8月、「第七回みやぎ民話の学校」を南三陸町・ホテル観洋にて開催。せんだいメディアテークに協力を呼びかけ、その映像記録を酒井耕・濱口竜介に担当してもらう。
2012	3月、みやぎ民話の会叢書第十三集『2011.3.11大地震大津波を語り継ぐために』発行。 7月、メディアテークと協働で「民話　声の図書室」プロジェクトを開始（民話採訪時に録音したカセットテープのデジタル化、県内の民話の語り手の映像記録化等）。
2013	3月、「民話　声の図書室」展をメディアテークと協働開催。 6月、第一回民話ゆうわ座「かちかちやま」をメディアテークと協働開催。 11月、小野が出演した東北記録映画三部作・第三部「うたうひと」（監督：酒井耕・濱口竜介）が劇場公開。
2014	8月、「第八回みやぎ民話の学校」を丸森町にて開催。 10月、早坂泰子・河井隆博・小野和子共編『閖上　津波に消えた町のむかしの暮らし』発行。
2015	9月、みやぎ民話の会叢書第十四集『語りたい　こんな民話』発行。
2016	3月、みやぎ民話の会叢書第十五集『わたしたちの証言集　双葉町を襲った放射能からのがれて』発行。
2019	12月、小野和子『あいたくてききたくて旅にでる』（PUMPQUAKES）発行。
2022	1月、第八回民話ゆうわ座「あの日から10年が経って　災害について考える」開催。

第五章

福島の甲状腺がんの子どもたちに寄り添う人々

藍原寛子

二〇一一年三月十一日の東日本大震災とその後の原発事故により放射能汚染が広がった福島県。原発が立地する浜通りで暮らしていた人々は避難指示区域とそれ以外の区域で発災直後から避難を強いられ、一方で、原発から比較的離れた中通り、会津地方の人々は、自分たちで判断して避難した人々もいれば、浜通りから避難してきた人々を自分たちの生活圏で受け入れ、仮設住宅や災害・復興住宅での定住を支援した人もいた。

私は、フリーランスのジャーナリストとして、震災直後から福島県内で被災した人々の取材を始めた。発災直後から、「視覚では捉えにくい」特性のある放射能の影響について、福島県内にいる人々が抱いている不安をさまざまな形で聞く機会があった。被災した人々は、放射能をどのように語り、表現し、捉えているか。放射能測定を通じた数値への理解、また人体への影響・健康問題をどう考え、避難するかしないかをどうやって決めたのか。課題は多岐にわたった。放射能の影響は、福島で暮らす人々の日常生活の様式や思考、言語、認知の隅々まで入り込み、行動の変容を促した。屋外に出るときにはマスクを着ける。洗濯物は外に干さない。土や泥に触らないようにする――というのはごくごく一部分で、そうした問題からひとまず逃げようと、県外や線量の低い地域に避難する人も多数いた。

取材の中で、私には大きな気がかりがあった。それは、声を発していたり、行動を起こしていたりという人が取材対象の中心である一方で、声を上げられない人々、社会や人々に向けて自分の意見を表明できない人々が多数、存在していたことだった。

その象徴的な存在が、原発事故後に甲状腺がんになった子どもたちとその家族だ。福島県は二〇一一年から県民健康管理調査（のちに県民健康調査と改称）を行い、「十八歳未満の子どもたちの甲状腺がん罹患状況」の調査を始めた。その調査結果を分析する検討委員会は、「甲状腺がんは多発している」としながらも、「原発事故との因果関係は考えにくい」という見解を発表。その公式な分析結果は今も継続（併記）している。それは、原発事故の影響で甲状腺がんになった子どもたちは一人もいない、というのが福島県や環境省が考える原発事故の健康影響結果なのである。福島県は基金を作り、検査と治療費の支援をする制度を設けたが、県民健康調査を受けていることなど条件や制約があること、この支援の枠だけでは治療にかかる保険以外の費用（例えば、付き添う家族の交通費が出ない、など）をすべて賄うには十分ではない。治療が長期化すればするほど、家族全体への経済的、精神的負担がのしかかる。

その厳しい現実のなか、「原発事故との因果関係はみられない」との結論に異議を唱える人々が出てきている。それが、甲状腺がんの子どもたちを支え、寄り添う人々だ。現在、原発事故後、少なくとも二百六十六人（二〇二二年二月現在）の甲状腺がんの子どもたちがいて、そのうち二百二十二人が手術を受けた。この子どもたちは、福島県県民健康調査で発表された甲状腺がんと診断された子どもたちや、その疑いがあるとされた子どもたちだ。このほか、県民健康調査以外で甲状腺がんと診断された子ども、例えば自分で異常を感じて病院に行ってがんが見つかったという人（「別ルート」等ともいわれる）も確認された。二〇二二年三月の福島県甲状腺検査評価部会では、二〇一二年から一七年の間に県民健康調査では把握されず、福島県がん情報に登録されていたことから甲状腺がんにり患していたことが分かった子どもが二十四人いることが報告された。調査研究や統計の問題も絡み、実際に何人が原発事故後に甲状腺がんと診断されているのか、正確な人数が把握できていない状況になっている。それは結果的に、救済や支援されるべき人々が「透明化」されているという実態を表している。

実際には三百人前後はいるはずの甲状腺がんの患者たちの中には、すでに成人を迎えた人が多いが、原発事故後から現在に至っても、実名でメディアの取材を受けている人はほぼ皆無に等しい。そこで、ある意味、「顔と名前を出して被害を訴えられない被害者」の代弁者となっているのが親や支援者だ。患者本人と家族の人権やプライバシーを守りつつ、メディアやジャーナリスト、取材者を含む第三者との媒介役となって、健康問題を顕在化させようと取り組んでいるのが、この「甲状腺がんの子どもたちを支える大人たち」の存在だ。この人々へのインタビューを軸に、福島県県民健康調査の問題や、原発事故後の甲状腺がんの子どもたちを取り巻く環境、そして、媒介者としての支援者の存在を考えてみたい。

一　あじさいの会　千葉親子（ちかこ）さん

東京電力福島第一原発が立地する浜通り地方から西へ約百三十キロ。阿武隈山地、中通りの郡山市、そして猪苗代湖を抜けた西にある会津坂下町に住む千葉親子さんは、二〇一六年、甲状腺がん当事者と家族、支援者のグループ「甲状腺がん支援グループあじさいの会」の活動を始めた。現在、会員は約二十人、浜通りから中通り、会津地方までさまざまだ。

きっかけは、二〇一五年頃から、県民健康調査の二巡目の結果が出て、患者さんや、その知り合いの人から「甲状腺がんについてなかなか相談できない、話せない状況になっている。どうしたらいいいか」と相談を受けたことだった。

しかしどうして、「原発から遠く離れた」会津地方で、千葉さんが活動を始めることになったのか、という素朴な疑問が筆者に浮かんだ。そこには千葉さんがこれまで社会的に弱い立場にいる人々への支援活動を続けてきたことが、答えの一つにあった。

千葉さんは震災前、会津坂下町議を務め、脱原発運動にも積極的に取り組んできた。その中で、精神障害を持つ人たちが、医療機関から地域へと生活の場を移していく政策があり、福祉制度も変化した。それによって精神障害者の福祉や生活が向上するかと思いきや、実際には受け入れる福祉施設や作業所が不足していたり、地域の理解が十分ではなかったり、また退院した患者が通所できる作業所や居場所が少なかったりして、障害者の人たちが「どこに行ったらいいのか分からない」という状況が生まれた。そこで千葉さんは、行政や保健師の指導もあり、地域のボランティアと連携しながら、精神障害者が活動する作業所を運営。地域の人々が障害者とその活動を理解し、受け入れていく地域に根差した活動を続けてきた。

そうした活動を続けてきた千葉さんは、県民健康調査で子どもに甲状腺がんが見つかったというニュースに心が痛み、同時に、「精神障害者やその家族が体験した差別や医療、地域での活動の難しさなど、同じような困難な出来事が、甲状腺がんの子どもたちにも起こり、大変な思いをする人たちが増えてくるのではないか」と直感した。

千葉さんが精神障害者や家族からの相談活動を受けていたことを知る人などを介して、震災後は少しずつ、甲状腺がんの患者や家族が千葉さんに相談するようになってきた。「親戚の子が甲状腺がんになった。話を聞いてやってくれ。茶話会をやっていると聞いたけど、混ぜてもらえるのかい」というような問い合わせもあった。「大々的に参加の勧誘をするわけにはいかない。何回かイベントに来てくれたり、誘い合ったりして、会員になった人もいます。親戚や知人など、誰かの紹介で参加する人がほとんどです」と千葉さん。

そして二〇一六年三月、「あじさいの会」が誕生した。会の名称は、甲状腺がんの患者本人から、「いろいろな色が集まって一つの花になる紫陽花がいい」という提案で決定した。会のホームページを作るときには、最初に活動目標をこう掲げた。「甲状腺がん患者が少しでもより良い医療を受け、より良い生活を送れるよう、お互いに情報を共有し合う」。一人一人、バラバラになっていた患者が集まって、一緒の活動を通じて親睦を深め、時には情報交換をしている。

主な活動は、具体的に、カフェ（交流会やイベント）事業、アウトリーチ事業（各会員訪問）、調査・

アドボカシー事業（医師や専門家による相談・学習事業）が中心で、甲状腺がん患者が少しでもより良い治療を選択し、医療を受けられるようになり、その結果、より良い生活を送れるように励まし合っている。初めの頃は、気軽に参加できるように、お茶会や、医師も参加した相談会を開いた。やがて、演奏会や学習会、会津地方の食文化や慣習を生かした味噌や餅づくりという、地域ならではの共同作業を取り入れた。

がんになると民間の生命保険に入りにくいという切実な相談が寄せられた後は、生命保険の専門家を呼んで勉強会を開いた。「患者さんやご家族が知りたいこと、必要な情報があれば、それを届けたいという思いで勉強会を開いています」と千葉さん。

イベントは一般の人、支援者、患者、患者家族が同じ立場で参加。千葉さんの方から、参加者がどういう人かを紹介するようなことはしない。一緒の時間を過ごすなかで、自然な会話が生まれ、甲状腺がんのことを話すようなことが起きて、お互いを知るということが生まれている。最後まで、甲状腺がんのことを言わなくても良いし、お互いに分からないままでいても良いというような関係性の中で、活動が続いている。

一人一人の会員へのサポートは千葉さんが中心的に行っている。「甲状腺がんの患者さんに食べてもらいたい」と、西日本などから米や野菜が送られてくると、千葉さんはそれらを持って、会員の家庭を訪問する。全員で集まった時とはまた違って、一対一でゆっくり話ができる時間を作ることができる。現在はコロナ禍で多人数が集まる勉強会は回数が減っているが、こうした一対一の関係性も大切にしている。

その中でメディアの取材などにも応じ、患者や家族の声を伝えている。「私は医師や科学者といった専門家ではなく、当事者でもない。自分が経験したこと以外は伝えていないつもりです。特に気をつかったことは、患者や家族、個人を特定されないようにすること」と、プライバシーに配慮しながら情報共有を図っている。

寄せられる不安と相談

ある時、千葉さんのもとに、一人の支援者から深刻な相談が寄せられた。「その家庭では、子どもが甲状腺がんと診断されて、間もなく手術をする予定になっている。母子家庭だから話せる人も少ない。千葉さん、相談に乗ってもらえないか」という。千葉さんは、その母子を訪ね、話を聞いて励ました。

その後、手術を終えた子どもが、声が出ない不安を抱えていた。千葉さんはその子と母親を、会が主催する味噌づくりの交流会に誘った。

その当日。手術を終えたばかりのその子どもが、別の子どもたちと仲良く、何やら熱心に部屋の隅の方で話をしていた。千葉さんが二人の会話にそっと耳を傾けてみると、手術をした子どもが、術後で声がガサガサになっている不安を話していた。別の子どもが「私も手術したよ。大丈夫、声もちゃんと戻るよ。怖くないよ」と励ましていた。

一緒に何かをすることがきっかけになって、自然な出会いの中でピアサポートが始まっていた。「当事者同士、家族同士が情報を交換し、交流してほしいと願って始めた活動。二人が励まし合っている姿に、本当に胸が詰まる思いでした。子どもたちは何倍もの力を持っている。日常的にいつも会えたり話せたりはしないけれど、しっかりと繋がってくれたなって思った」と振り返る。

また、別の出来事もあった。甲状腺がんの手術を受けた人が風邪をひいて地域の診療所に行くと、「甲状腺がんの患者は福島県立医大付属病院で診てもらうように」と言われて診療が受けられなかった。福島県立医大付属病院に行くと、今度は「こんなことぐらいで医大に来ないで」と言われた。

千葉さんはその時の様子を「ご家族は怒りと悲しみに包まれていました。風邪をひいて薬局の薬を飲ませようと思っても、何を飲ませていいのか、もしも飲ませた薬が甲状腺に影響があったらと思うと、一つ一つが手探り状態で不安がいっぱいな様子でした」という。千葉さんはそうした患者や家族にそっと寄り添い、静かに話を聞き、解決策を探った。「どんな時が一番つらかったですか」と千葉さんが子どものお母さんたちに聞いたことがある。その答えは孤立感や孤独感を感じた時で、「経過観察の間、誰にも相談できなかった」「告知の時は覚悟をした」。

同時に、「こうやって話ができて、話を聞ける場所があって救われた」「みんな同じ思いだったのが分かった」「もっと早く紹介してほしかった」と、支えてくれる人への感謝や、話せる場の重要性も語ってくれた。千葉さんは、「自分の病気について話せない、話さないというのは甲状腺がんに限ったことではなくて、他の病気も同じで、『ほかの人に知られたくない』という心理が働く。それは精神障害も同じで、わが子が障害を持ったらひた隠しにする家族もいる。心理的に、知られたくない、触られたくない部分がある」という。

「見えない被害」を理解し、想像し、予測する人々と支援活動

活動を始めて約六年。千葉さんは、「県民健康調査が始まった段階から、県民健康調査検討委員会の中では大前提として、『事故当時五歳以下の子どもで甲状腺がんを発症した人はいない』ということが言われてきた。ところが、事故当時、福島県内にいた〇歳児や二歳児の子どもに甲状腺がんが発見され、大前提が覆された。『原発事故との因果関係は考えにくい』と言い続けられている。このままだと、甲状腺がんと診断された子どもたちが置き去りになってしまう」と話す。

千葉さんのもとには、がんが甲状腺から肺に転移した人、のどの左右にある甲状腺を両方切除してアイソトープ治療（ヨウ素131のカプセルを飲み、甲状腺内部から放射線を照射する治療で甲状腺を破壊して再発を防ぐ）を受け、ホルモン剤を生涯飲み続けることになった人、結節（甲状腺にできたしこり）と判断されたのちに乳頭がんと診断され、リンパ節に再発が見られた人など、軽くはない症状になった患者の情報も入ってきた。県民健康調査検討委員会では、子どもの学校検査を縮小しようという意見も出ていたが、千葉さんは患者や家族とともに、「縮小ではなく、早期発見・早期治療のため、学校検査を充実すべき」と訴えている。事故当時十八歳未満の子どもたちは、十一年の歳月を経て、年齢を重ね、今は高校生や大学生、社会人になっている。学校で健診をしていた頃とは違い、ますます定期検査の機会が奪われ、甲状腺がん発症の不安が付きまとう。社会制度として検査の必要性が求められている。

「放射能被害は見えない、感じない、触れない」し、「ただちに健康に影響はない」レベルである

と、科学的には考えられてきたともいえる福島原発事故後の放射能の汚染と被害。測定器が表示する数字に代表されるような「目に見える状況」や、物理的・地理的な距離が一つにはある。だが、そうした科学的と言われる概念と、複雑な構造と働きを持つ人体、心身への被害の有無を直結させて良いのだろうかと私は常に強く疑問を抱く。

その中で出会った、「見えない、感じない、触れない」という状況を超えて、行動する人々――特に患者の支援に奔走する人々がいる。「そこに困難に直面している人がいるならば」――自分と他者との心理的な距離を近づけ、その中で他者に現れる被害や困難を想像し、見ようとし、その先を予測して支援し続ける人々が現にいるのだ。時間をかけて地域で地道な活動を続け、丁寧な人間関係を築く中で生まれた新たな関係性や支援のつながり。負の歴史ともいえる原発事故から十年、二十年、その先々まで、ここから生まれた新しい関係性が、これからも重要だということを、千葉さんの活動は教えてくれる。

二　「311甲状腺がん家族の会」　武本泰さん

原発事故後、二ヶ月に一回の割合で、原発事故後の放射能汚染と甲状腺がんなどの健康影響を専門家が中心になって議論し、分析する福島県県民健康調査検討委員会という会議が福島市で開かれている。そこにはいつも、傍聴を続ける口腔外科医の武本泰さんの姿がある。武本さんは、二〇一六年、郡山市で小児甲状腺がんの患者と家族が中心になって設立した「311甲状腺がん家族の会」の事務局長で、甲状腺がんの子どもたちや家族らを支援する医療者の一人だ。

甲状腺がんは「多発」しているが「原発事故による放射線被ばくの影響は考えにくい」（県民健康調査検討委員会の見解）は、患者や家族の社会的な孤立を招いた。同会は、あじさいの会同様に、お互いの親睦を深め、治療や生活の質を高めることができるよう、情報交換をして、関係機関に働きかける活動を続けている。

武本さんは、患者や家族からの相談や問い合わせに答え、集まりを持つなどの支援に加え、こうした専門家が言う「矛盾した分析と見解」に対して、それらの分析の根拠を細かく分析して、その結果が妥当なものなのか、不整合があるならそれは何なのかを追求し続けている。

障害を持つ医療専門家として支援を続ける

支援活動を続ける動機は、自身の半生も関わっている。郡山市の東北歯科大（現・奥羽大）を卒業後、口腔外科医として同大附属病院に勤務し、舌下がんや歯茎のがんなど、口の中の外科治療に携わった。四十歳の頃、緑内障で視力を失った。歯科医として、患者の歯や口腔内神経、骨格を扱う仕事は、精密さを必要とされ、視力を失うことは技術も知識も現場で発揮できないことになる。武本さんは退職し、医療系の専門学校の教師として、医療従事者を目指す生徒の教育に携わった。自身が障害を持つ身として、原発事故後は、放射能被害を受けやすい子どもや若者のことが特に気になった。放射能汚染の被害を広く市民、特に子どもたちを守るために防護策を理解してもらおうと、子どもたちを支える会に参加した。二〇一一年以降、福島県内各地で放射能に不安を持つ市民による集会が多数開催されてきたが、医療専門家として参加する人は極めて少なく、特に地元の医師や看護師は皆無に近かった。そのため、郡山市在住の武本さんは、地元の母親たちから相談を受けることが頻繁にあり、会の顧問を引き受け、福島県や郡山市への要望書や質問状の提出、地元の食材の測定活動なども一緒に行った。

やがて原発事故から二年、三年…と時間が経つにつれて、甲状腺がんにかかった子どもや親からさまざまな相談を受けるようになった。武本さん自身、中途失明で仕事を失ってから約二年間、自宅に引きこもって悶々とした日々を過ごしており、自分に何ができるのか、これからどうやって生きていったらいいのかを自分の内側で考え、病気の中で絶望の日々を過ごした。

そのような自分の体験から、甲状腺がんの患者と家族の希望が持てない状況下での絶望感が痛いほどわかった。相談を受けるうちに、「311甲状腺がん家族の会」への参加が一人、二人と増えていった。設立から五年、二〇二一年末現在で、二十五人が参加している。

会員同士の交流、治療費や通院にかかる交通費などの経済的支援、リーフレットや会報を発行して情報の提供・発信、行政への提言や申し入れといった活動を行っている。

二〇一七年四月には、福島県保健福祉部県民健康調査課との話し合いの場を持ち、その中で、患者や家族が置かれている現状などを率直に伝えた。

家族会での活動が増えてくると、メディアや、他の支援者からも問い合わせが来るようになった。今、何が不足しているのか、どんな支援が必要なのか、できたら支援をしたい、という話だが、会の設立当初から、会員である親は、子どものがんを知られたくない、知られるのが怖くて、外部の人に体験を話したりすることはなかなかできない。「がんになった場合、今でもあまり公表しない傾向があるが、それと同じではないかと思う。自分の病気の受容という問題がある上、子どものがんは、より周囲には話せない。話せないことの背景に、被ばくという要素は、それほど加わっていないような感じがする」と武本さん。中立的な立場にある医師や臨床心理士など外部の医療関係者による心のサポート体制が急務だと指摘する。

活動を続ける中で会員の中に、「会員以外の人にも、原発事故後の甲状腺がんの問題について、関心を持ってもらいたい」という思いが生まれてきた。そこで、医療費や病院への移動などの費用がかかる患者や家族に対して協力と理解を求めるために、一般の市民から寄付を呼び掛けた。寄付をしてくれた人には、患者の女性が描いたイラストのポストカードを礼状代わりに送っている。

武本さんは言う。「突然、甲状腺がんを宣告された本人や家族は、驚きやショックと同時に、『被ばくをさせてしまった』『避難させればよかったのか』などと、自らを責め、後悔するという日々を送っている。さらに、治療の問題に加えて、『がんになったことで就職や結婚に影響があるのではないか』『経済的に大変になる』など、将来の不安も抱えてしまう。そうした患者や家族を孤立させないために会を発足させた。今は、当事者同士が思いを分かち合い、悩みや言葉を少しずつ言葉にしていきながら、心の安定を図り、孤独ではないことを実感するようなつながりを深めている」。交流の中で、言葉にできなかった体験や思いも、同じ患者、家族同士なら話せることもたくさんあった。それがお互いの支え合いにつながっているという。

「さらにこれまでの経験で、患者、家族がつながると、実体験を共有できて、皆さんが話し始める。その意味での家族会の大切さを痛感する」という。武本さん自身、「実際に患者やその家族と接してみて、いや、接してみなければわからなかったことが数多くあった。もしかしてそれまで、私が鈍感だったのかもしれないけれど…」。

武本さんは、患者や家族を取り巻く状況などを、会員以外の人や、取材に来たメディアに伝えることもある。「小さいことだと思えるようなことでも、それを実際に知ってもらうことが大切ではないだろうか。さまざまな不安要素があるなかで、時には喜ばしいエピソードもあるわけで、それを伝えるのも大切なことだと思う」。

子どもの甲状腺がんは、成人のがんに比べて、治療後に長い人生が待っている。患者の子どもたちや家族には、将来のこと、例えば結婚が不安だ、という気持ちがある。家族会の中には、これまで数人が結婚、出産に至っているという。「社会の活動に参加することで、患者や家族も大きな力を得る。結婚や出産、人生でうれしい出来事を重ねていくことも、本人だけでなく周囲にとっても励みになる。その時の患者、家族の心境なども、私が伝えるべき大切な事柄かと思っている」と語る。

娘が甲状腺がんになった父親が抱える不安

二〇一八年二月、武本さんらの「311甲状腺がん家族の会」に参加している甲状腺がんの女性の父親に話を聞く機会を得た。女性は震災当時に中学生で、高校進学後に甲状腺がんと診断され、手術を受けた。女性は福島県県民健康調査の甲状腺検査で、二次検査が必要とされ、その後、病院での精密検査でがんの疑いが強くなった。数ヶ月後、高校生として初めて迎えた夏休みに、片側の甲状腺の摘出手術を受け、乳頭がんであることが判明した。

その後は経過観察という形で過ごしていたが、県外に進学した後、学校の健康診断で血液検査に異常が発見され、精密検査を受けたところ、再発が判明。自覚症状はなく、最初の手術からわずか一年、再発の診断からわずか三ヶ月で二度目の手術を受けた。がんは十五ミリの大きさになっていたという。女性は病気の再発などで自分に自信が持てなくなり、精神的に不安定にもなったため、その当時は学校をやめて自宅で過ごしていた。

父親は娘の言葉に衝撃を受けたことがある。それは、わが娘が成人を迎えた時、「生きて成人式を迎えられるとは思わなかった」とつぶやいたことだ。手術やアイソトープ治療を複数回受け、気持ちが落ち込むこともあった。他人の目に触れないよう、家にこもりっきりで、誰にも病気のことを知られないよう、ひっそりと過ごしていた。

ただ、「311甲状腺がん家族の会」は、同じ甲状腺がんの子どもたちやほかの家族、親同士が、これからどうしたらいいか、わが子をどう支えていけばいいのかを分かち合える場になっていた。「健康な人に話しても理解してもらえないことがあるけれど、家族会でなら、そういうことも話せる。話すことで気持ちが楽になるし、世話人の先生方からいろいろなアドバイスももらえる」と父親はほっとした表情を見せた。

三　顔を出せない患者たち――なぜ実名で話せないのか

二〇一八年四月、私はフランスの新聞社「ル・モンド」に現地雇用され、コーディネーターとして事前リサーチと取材、通訳を担当した。記者のステファン・モンダール氏と、フォトグラファーのサミュエル・ボレンドルフ氏（ともに男性）が来日し、震災当時子どもで福島県内にいた甲状腺がんの女性や支援者、家族らを訪ね、インタビューを行った。

すでに事前に取材をOKし、インタビューの会場までその女性と母親が来てくれた。支援団体の方も同席した。その中で、初対面となるモンダール氏は、女性と母親に話をした。原発事故の被害がいかになきものとされようとしているか、という内容が中心で、モンダール氏は自分も子どもがいる父親であり、フランスは原発大国であることから、世界中に原発の危険性を喚起するような記事にしたいという意思があることを伝えた。女性と母親は、取材の意図を理解して、取材に応じることをその場でも再確認した。そのうえで「自分たちの顔はうつさないでほしい。そして、名前も匿名でお願いしたい」。それは私も事前に聞いていて、その依頼はモンダール氏に伝えてあった。

直接二人に会い、取材に関して同意を確認したあと、インタビューに入る直前に、モンダール氏はこう依頼した。

「原発事故が起きて、多くの人が被害に遭っている。しかし被害者が顔を出せず、匿名で話をしなければならない状況になっている。その理由は理解している。しかし考えても見てほしい。あなたたちは被害者で、何も悪いことはしていない。問題なのは原発を進めた東電や政府といった加害者たちだ。今、加害者たちは一人一人が顔も名前も出さず、責任を放棄して隠ぺいしている。そのようなやり方をしていることに憤りを感じる。だからこそ、可能なら、加害者と同じ方法ではなく違う方法を取るべきだ。皆さんが自分の顔を出して実際の被害を生の声で訴えることが非常に大切で、多くの人の共感と支援を集めるはずだ」と。

このやり取りは、私自身を取材者と患者（福島の住民）という二つの立場に立たせた。もしも私が取材者ならどうしたか。実名で意見を述べる重要性を認識しつつも、その当事者である患者や家族の様子から、「まだその段階ではないんだな」と考え、そのまま取材を進めただろう。その時、はっと考えた。「患者を傷つけないように。気持ちを聞かれること自体、嫌だと感じられたら、それは『尋ねることの暴力』になるのではないか」という私自身の判断やためらいがあった。と同時に、「実名と顔を出して取材に応じたくない」という患者自身の希望を受け入れたとして、その前に、患者の深い考えや不安、恐れにまで接近し、寄り添うことを最初からあきらめた、単なる傍観者でいただけなのではないか、ということだ。フランスのジャーナリストたちは、短期間福島に滞在して、取材が終われば帰ってしまう存在だが、そのわずかな間にも取材対象の心に接近しようと試みているのではないか。この考えは私自身の前向き過ぎる解釈かもしれないが、私自身が取材の現場で、取材を受けてくれた患者の気持ちや意見を、ここまでキッチリと聞いたことが、果たして今まであっただろうか。どんな行動を取るか、マークシートのような正答も、良し悪しもない、と思う。だが、私自身の人とのかかわり方、生き方の姿勢の根幹にかかわるような問いがあった。

短い時間だが、緊張した空気が流れた。女性と母親は、とても冷静に聞いていた。周囲に信頼できる支援者がいたことも大きかっただろう。そしてきちんと答えた。「取材の意図、意義は理解している。実名で出ない理由は、報道された後に自分たちにどんな不利益が生じるかがまだ予想できない。それに対する準備がまだできていない」ということだった。

結局、女性は匿名で、顔を出しての撮影はしないことになり、お互いが納得した上でインタビューが開始され、和やかな雰囲気の中で進められた。

この出来事は、患者や取材記者が教えてくれた重要な体験として私の中に横たわる。原発事故後、被害を訴える患者や被災者に対して、非寛容で差別的な出来事が続いた三・一一後の日本。事故から七年後でも、まだそうした被害者がものを語ることへの圧力や批判はネット上で散見される。当事者が、圧力や批判を受ける可能性が考えられ、不利益を避ける方法が明確でない場合、匿名化や、支援者が患者の言葉を代弁する方法が取られる。メディアも間接的に、その声を伝えている。

震災から十一年が過ぎた今、そうした患者自身の声がますます重要になっていると感じている。その声を受け止め、共有する社会の厚みが、より一層求められるなか、取材者である自分がいかに関わっていくのか、自問自答を続け、葛藤もやりがいも感じながら、取り組み続けている。

四　甲状腺がんの患者が裁判を提起

原発事故当時、六歳から十六歳（幼稚園の年長組、中学一年、中学二年、高校一年が各一人、中学二年が二人）で、現在は十七歳から二十七歳になった若者六人が、原発事故後に甲状腺がんになったのは原発事故が原因であるとして、二〇二二年一月、東京電力を相手取り損害賠償訴訟を起こした。請求額は総額六億一千六百万円（甲状腺全摘出患者一人・一億一千万円、半分切除八千八百万円）。

弁護団長の井戸謙一弁護士らは、提訴前後の記者会見や、その後の集会、講演会などで、この六人全員が、がんになった甲状腺を摘出。中には、再発、四回以上手術を受けたり、肺への転移を指摘されたり、ホルモン剤の服用治療中であることも報告された。「生活に困難をきたし、将来を描けない精神状態になった人もいる」（弁護団）ことも明らかにした。

井戸弁護士は「他のがんと違い、甲状腺がんは原発事故で放出された放射性ヨウ素による被ばくの影響で起きることが明らかで、今回もそれが推定される。数千人の甲状腺がん患者を生んだチェルノブイリ事故でも明らかになっている。原発事故が起き、原告（患者）が被害を被ったことには因果関係がある」と述べた。

原告の青年らの気持ちについて、「『なぜ自分が十代で甲状腺がんにならないといけないのか。被ばくが原因では』と誰もが思う。ところが医師に聞いても、聞く前から被ばくではないと頭から押さえつけられ、周りに言うとバッシングを受ける。甲状腺がんと診断された三百人もの青年が、同じように苦しんでいる。自分たちが今一歩歩み出すことでそういう人たちの希望になればいい」という思いで提訴を決断した、と述べた。合わせて、甲状腺がんの患者を取り巻く社会について「これだけの事故が起きたのだから、健康被害には蓋然性がある。被ばく被害があるなら、ちゃんと補償する、まっとうな社会に作り直さないといけない。今回の提訴はそのための第一歩だ」と訴えた。

原告の二十七歳男性の母親は、顔を出して記者会見でこう語った。「がんの診断結果は早い段階でわかって、早期発見・治療に結びついたが、発見できなかった場合の責任はどうなるのかと、東電に申し上げたい。丁寧な説明が被害者にあってもいい。医療従事者に聞いても何も言えない。もう少し寄り添ってもらえないかというのが被害者、被害者家族の思いだが、納得できないので今回、こういう（提訴する）形になった」。

二〇一六年に大学二年生の時、甲状腺がんと診断され、翌年に手術した原告の女性も記者会見に出席した。大学を卒業して社会人となり、顔と名前は非公表だったが、自らの言葉で意見を述べた。「（提訴まで時間がかかったのは）差別を受けてしまう可能性があるのが一つの要因。甲状腺がんと診断された人と繋がる環境がなくて、だれが（同じ甲状腺がんに）なったのかもわからない中だった。甲状腺がんと診断されたときは、裁判をしようと思ってもお金がなくて費用も出せないし、どうしたらいいのかも分からなかった。甲状腺がんにどういう要因からなったのか、小さければ小さいほど（＝幼ければ、幼いほど）考えても言葉にすることができない。理解もできない状況だった。約十年を経て、自分がどういう状況にいるか考えられるようになり、社会人になってお金を稼げるようになったということも（提訴の理由として）ある。そういう思いで皆さん、時を経て（裁判を）やろうとしていたのだと思う」と語った。

甲状腺がんの患者が公判廷で自分たちの被害を訴えようという新たなアクションを起こし、匿名であれ自ら社会に訴え、働き掛けたことは大きな出来事だ。その行動に呼応して支援の輪も広がっている。クラウドファンディングで裁判の立証費用のための募金が呼び掛けられると、当初の目標の一〇〇〇万円を大きく超え、一九六六人から一七六二万二千円が寄せられた。事務局ではさらに二〇〇〇万円を目指すという。

その人数と金額は、原発を容認してきてしまった過去への謝罪も含めて、原発事故で被ばくした当時の子どもたちを支援したい、という市民の姿を可視化した。これは、甲状腺がんになった子どもたちが裁判を提起したことによって掘り起こし、形成された、「支援する市民たち」の集団のように私には見えた。

社会は原発事故後の甲状腺がん患者をどう受け止めていくのか

この提訴と同じ日、元総理大臣の小泉純一郎、菅直人、細川護熙、鳩山由紀夫、村山富市の五氏が欧州連合（ＥＵ）に書簡を送った。中身は、原発をグリーンエネルギーの中に入れたＥＵの判断に異論を唱えるもので、「多くの子どもたちが甲状腺がんに苦しんでいる」と、健康被害に遭った子どもたちがいることを訴えた。

すると、この書簡に対して、内堀雅雄福島県知事が二月三日の記者会見で、「多くの子どもたちが甲状腺がんに苦しみ、という表現が使われていたことに対して、遺憾である」と述べた。

これに対して、六人の患者の弁護団は、「多くの子どもたちが苦しんでいるのは、紛れもない事実だ」などとする抗議声明を発表した。

あじさいの会は二月二十七日、福島県庁を訪れ、知事の発言に対する抗議文と質問書を提出した。

千葉さんのもとには、会員から、「甲状腺がんに苦しんでいる私たちの現状が遺憾って、『私たちって、遺憾な存在、なんですか。甲状腺がんの患者が多いってことは、明らかな事実なのに、遺憾です、って言うのは、患者がいないってことでしょう」という失望と怒りの声が寄せられた。

「県知事のあのような発言があると、患者さんは意見が言えなくなる」と千葉さんは憤る。

チェルノブイリ原発事故で明らかになった内部被ばくの問題が、福島原発事故では認められないのはなぜか。患者の支援、救済が進まないのはなぜか。患者側が裁判を起こしたことで、患者支援がほとんどなされていない事実が明るみになるとともに、患者が意見表明できない状況も起きている。それらの疑問や課題は、そのまま、私たちの社会全体の「解決すべき重要な課題」として横たわっている。

おわりに

一九六七年、福島第一原発が建設着工したその同じ年に、私は福島市に生まれた。原発事故後、今まで自分が過ごしてきた時間は、経済、政治、社会システム、倫理観などを含めて、原発という重厚長大なもの、まるで「原発的なもの」と相関していると痛感し、自分の価値観や考え方をできるだけ客観的に、批判的に見るよう試みてきた。大卒後、福島にUターン就職し、地元の新聞社で約二十年間記者をし、この間、特に人とのつながり、人脈は、自分なりに深く築いてきたつもりだった。しかし原発事故はそれも容赦なく壊した。私自身が原発や放射能、避難、住民政策をめぐり、意見や考え方の違いや対立の真っただ中に立たされて、疎遠になった友人もいた。私自身は、新たなつながりや、取材を通じて行動し学ぶ機会を求める思いが強くなり、福島で動き回るなかで、幸いにも、立命館大学教授の村本邦子さんとプロジェクトの皆さんとの交流が生まれた。日本平和学会のフィールドワークで初めて村本さんに会い、「最低でも十年は東北の被災地に通う」と聞いた時、何かきらめきを感じた。あの時は時間的なスケールが実感できなかったが、今なら十年という時間感覚が十分にわかる。同時に、まだまだ入り口に立っている段階だとも感じている。

二〇二二年二月二十四日、ロシアがウクライナに侵攻、ロシア軍はチェルノブイリ原発やザポロジエ原発を制圧。この原稿を書いている三月現在も、戦争で原発が狙われる核保有の重大リスクが続いている。十一年前に、原発事故に伴って女性や母親、子どもが真っ先に県外・国外に避難をし、家計を支える人、主に男性や一人暮らしの高齢者らが避難せずに残ったように、ウクライナの女性や子どもが避難し、男性たちは戦いのために国内に留まる。福島で起きた核の危機、避難の問題が形を変えて再び起きた。現金も持たずに国境を越えて見知らぬ土地に避難してきた人々。受け入れる支援者の人々、多数の避難者が押し寄せて困惑している地元の住民。三百万人を超えると言われる「難民」の中には、健康被害や人権侵害が起きている。

二〇二二年三月十六日、福島県沖を震源とする地震が起きた。三月二十二日現在、太平洋岸の原子力発電所に大きな被害はないと発表されたが、一方で、東北新幹線は脱線し、高架橋脚が壊れて四月十四日にようやく全線開通した。浜通りの火力発電所施設が壊れ、東京電力、東北電力管内では電力需給逼迫警報が出され、その後解除されたが、政府もメディアも二十二日朝から一斉に、国民に節電を呼び掛けた。まるで福島の原発事故直後と同様に、首都圏で計画停電が行われた時と同様に、「国民が一致団結して問題に取り組む」よう大々的なアナウンスが続く。

まるで福島が繰り返されたかのような既視感と衝撃的な出来事。国家、国民を挙げて同じ方向を向けという無言の圧力。そのなかで今、この原稿を書く私は、物言えぬ被災者がどうしているのかが気になる。同時に被災を和らげようと奮闘する支援の人々が、そこに必ずいるということも知っている。終わらない被災。終わらない支援。その中で生まれたつながりのなかで、私は取材を続けている。

第六章

福島第一原発事故の記憶はどのように構築されていくのか

——関連ミュージアムを手がかりに

河野暁子・村本邦子

自然災害、戦争、虐殺、植民地支配、公害など、地球上のあらゆる時代のあらゆる場所で、いくつもの災厄がくり返し起きてきた。人類の歴史は災厄の歴史といってもよいだろう。災厄を記憶し伝承するための施設はメモリアル・ミュージアムと呼ばれる。関東大震災の東京都復興記念館、雲仙普賢岳噴火の雲仙岳災害記念館、阪神淡路大震災の人と防災未来センターなど、何十年も前の災害も、メモリアル・ミュージアムを訪れることで、それがどのようなものだったのかを知ることができる。竹沢（二〇一五）は、ミュージアムは記憶の装置であり、トラウマとしての戦争や公害、疫病、災害などの出来事に対し、集団の記憶を構築するにあたって重要な役割を果たすと指摘している。

私たちは暴力やトラウマに長く関わってきた臨床心理士であり、災厄が起きた土地が抱える集合的トラウマと、社会の記憶構築の場としてのメモリアル・ミュージアムに関心を寄せてきた。社会が経験したトラウマとなる出来事は、共通する集合的な体験でありながら、ひとりひとりの経験はみな違っている。「東日本大震災」においても、津波で家を流された人、家族や友人を亡くした人、仕事を失った人、放射能汚染によって避難を余儀なくされた人など、人々はみな異なる体験をしている。集合的トラウマを理解するためには、このような個人の体験の相違を受け入れつつ、一定程度まで共有可能な出来事全体の理解が求められる。メモリアル・ミュージアムは、そのようなプロセスを促進しながら社会の記憶を構築し、伝承し、また再構築する場であるといえるだろう。

東日本大震災から十年が過ぎ、東北の各地に震災遺構や慰霊碑とともに、メモリアル・ミュージアムが設置されつつある。東日本大震災という集合的トラウマをどのようなものとして共有し、記録し、伝承していくのかがさまざまに模索されている。福島でも、福島第一原子力発電所爆発事故（以下、原発事故という）を扱うミュージアムがいくつも設置されてきた。私たちは、二〇一二年から福島のミュージアムを訪れ、そこで構築されようとしている記憶に驚き、その動向を追ってきた。二〇一八年にプロジェクトで福島を訪れた時、福島大学の後藤忍氏から、福島と同じく原発事故を経験したウクライナのチェルノブイリ・ミュージアムについて、話を聞く機会があった。後藤氏は、「チェルノブイリ・ミュージアムは、市民の努力があって、長い時間を重ねながら展示内容を変えてきた。福島のミュージアムも時間をかけて、私たちが変えていかなければなりません」と語った。この言葉に感銘を受けた私たちは二〇一九年九月にウクライナへ飛び、チェルノブイリを訪れた。福島のミュージアムでは、どのような記憶が構築されようとしているのか、どのようなミュージアムを目指していけばよいのか、チェルノブイリ・ミュージアムとも比較しつつ考えてみたい。

一　福島のミュージアム

公的なミュージアム

原発事故関連を扱ったミュージアムでは、公的なものがいち早く開設した（表二）。まず二〇一二年、福島駅近くに、環境省と福島県が主体となる除染情報プラザが設置された。福島県内の除染の状況を展示していたが、二〇一七年三月に福島県内の面的除染がほぼ完了したとして、七月には施設の名称も環境再生プラザへ変更している。「面的除染がほぼ完了」とのことだが、実際のところ、二〇二一年になっても、人が立ち入りできない区域が残されたままである。次いで、原発から南へ約七十キロ、いわき市観光物産センター二階にあるいわき市ライブいわきミュウじあむの一角で、二〇一三年二月、「三・一一いわきの東日本大震災展」が開催され、そのまま常設展示にされている。展示の大半は津波に焦点が当てられていて、原発事故は取り上げられていないかと思ったが、最後に原発事故の経過についての展示があった。いわき市は、二〇二〇年に、もう一つのミュージアム、いわき震災伝承みらい館を開設し、こちらも、どちらかといえば津波の展示が多い印象を受けたが、原発事故後の放射線量や避難者などについての展示もあった。

福島県環境創造センター交流棟（通称コミュタン福島）は、二〇一六年、原発から約五十キロ離れた三春町にオープンした。本館、研究棟を含む福島県環境創造センターに国家予算二百億円が投じられている。二〇一八年十一月、初めてここを訪れた時、重厚な建物と広い館内、カラフルで目新しい展示の数々に目を奪われた。入館して最初に目にするのは、原発の模型や当時の新聞、映像など、原発事故の展示であるが、その後には環境回復と創造を強調した展示が続く。放射線クイズに答えたり、自然放射線を実際に見たりして、ゲーム感覚で放射線や内部被曝、除染などについて学ぶことができる。福島県民の不安や疑問に答え、放射線や環境問題を身近な視点から理解し、環境の回復と創造への意識を深めるための施設である。原発事故の伝承は目的にないが、震災伝承ネットワーク協議会により、震災伝承施設として登録されている。ここには、三六〇度全方位がスクリーンとなった球体のシアターがある。球体の真ん中にある透明な足場の上に立ち、上映が始まると、自分が映像の中に放り込まれたかのような感覚になる。福島の美しい自然が映し出され、俳優の西田敏行氏のナレーションが続く。映像の中では、人類は昔から自然放射線の中で暮らしてきたこと、原発事故で放射性物質が放出されたため除染を行なっていることなどが語られ、福島の未来を明るく照らす光が表現されていた。

コミュタン福島は福島県によって設置され、福島県内の小学校には、貸切バスに要する経費を補助し、学習活動の一環としての訪問を促している。二〇一八年に訪問した時、来館した子どもたちの感想カードには、「とても楽しかったです」「放射線とうまく関わっていきたいです」といった感想が並んでいた。ミュージアムの展示を素直に受けとめた感想と言えるだろう。二〇二一年九月に再訪すると、原発事故後に生まれた子どもたちの感想が掲げられており、「福島の九年前がこんなだったことを初めて知りました」「たくさん努力して、ここまで復興したのはすごいです」と、事故について学んでいることがうかがえた。おそらく、二〇一八年頃に見学に来た子どもたちは、放射線の影響を身近に感じていたであろうし、「放射線とはうまく付き合っていくのだ」と言われていたのかもしれない。原発事故を経験していない子どもたちにとっては、事故は昔のことである。

表1　福島第一原発事故を扱った主なミュージアム

	施設名	設置年	主体	目的
①	除染情報プラザ	2012	環境省・福島県	福島県の除染の状況を伝える。
	(環境再生プラザへ改名)	2017		福島県の放射線や中間貯蔵など、環境再生の状況を伝える。
②	いわき市ライブいわきミュウじあむ 「3.11いわきの東日本大震災展」	2013	いわき市	震災を風化させず、東北の物産を買って応援してもらう気持ちを忘れないようにお願いする。
③	原発災害情報センター	2013	NPO・市民有志	原発事故を、市民の力で風化させない。
④	コミュタン福島	2016	福島県	県民の疑問に答え、放射線や環境問題を理解する。
⑤	リプルンふくしま	2018	環境省	福島県の環境再生と復興への歩みを発信する。
⑥	みんなの交流館ならはCANvas	2018	一般社団法人	利用する人が主体的に施設を創っていく。
⑦	ふたばいんふぉ	2018	双葉郡未来会議	双葉8町村の現状を、住民目線で捉え、住民自らが発信する。
⑧	廃炉資料館	2018	東京電力	原発事故の反省と教訓の伝承、廃炉事業を見える化する。
⑨	いわき震災伝承みらい館	2020	いわき市	地震・津波・原発事故の記憶と教訓を風化させない。
⑩	原子力災害伝承館	2020	福島県	原子力災害からの復興と教訓を発信し、復興の加速化に寄与する。
⑪	伝言館	2021	宝鏡寺	人類が核の被害を繰り返さないためにメッセージを発信し続ける。
⑫	考証館	2021	温泉旅館古滝屋	被害の全容や克服に向けた取り組みを記録し、立場を超えて学び考える。
⑬	とみおかアーカイブ・ミュージアム	2021	富岡町	町の歴史や文化、震災と原発事故により変化した町を語り継ぐ。

ふり返ってみると、私たちが二〇一八年に訪れた時、スタッフはどこか緊張し、警戒している雰囲気があった。展示を観ている来館者に近づき、展示の説明を積極的に行なっていた。それは、来館者が疑問を抱かないように、先回りして話しているかのようにも感じられた。二〇二一年の訪問時は、立ち話で、スタッフの個人的な事故当時の経験を聴くこともでき、以前と比べて対話や交流がしやすい雰囲気を感じた。これもまた、年月を経ての変化なのだろう。

特定廃棄物埋立情報館リプルンふくしま（通称リプルンふくしま）は、二〇一八年、環境省が主体となり、原発から約十キロ離れた双葉郡富岡町に設置された。福島県内の除染土壌や特定廃棄物などの処理工程を伝え、福島の環境再生と復興への歩みを発信することを目的としている。館内はそれほど広くはなく、身近な放射線を測定するなど、体験型の展示がコンパクトにまとめられている。

環境再生プラザ、コミュタン福島、リプルンふくしまは、汚染された土壌や廃棄物が生まれた原因である原発事故そのものはほとんど扱わず、環境の回復と復興に焦点を当てた展示となっている。この三つの施設を訪れてきた私たちは、このままメモリアル・ミュージアムとは呼べない施設ばかりが設置されていけば、福島の環境は回復に向かっているという物語が強調され、そこからこぼれ落ちてしまう多くの物語があるだろうと危惧していた。

そんな中、二〇二〇年九月二十日、東日本大震災・原子力災害伝承館（以後、伝承館という）が、双葉町にオープンした。福島第一原発の北側約三キロ、事故を起こした原発に最も近い場所に立地したミュージアムである。岩手県や宮城県では、震災を伝承する公共施設が次々と設置されてきていたが、福島県でも、ようやくメモリアル・ミュージアムが誕生した感があった。福島では、除染を進めていくことや県民を支えていくことが最優先で、ミュージアムを設置するどころではなかったのかもしれないし、さまざまな立場に置かれ、分断された住民のことを思えば、原発事故をテーマとして扱うことに、長い準備期間が必要だったのかもしれない。私たちはさっそく、開館の四日後に伝承館を訪れた。海岸に新たに建設された防潮堤の近くに、その三階建ての大きな建物が見えた。驚いたのは、伝承館からほど近い空き地に、除染のために掘り起こした土が入ったフレコンバッグの山が積まれていたことである。伝承館は福島県が主体となり、原発災害と復興の記憶や教訓を世界に向けて発信し、復興の加速化に寄与することを目的としている。運営は公益財団法人福島イノベーション・コースト構想推進機構に委託され、館内スタッフは同機構の職員である。スタッフのユニフォームはアロハシャツ風で、どこかのリゾート施設を思わさせた。

伝承館の展示は、「プロローグ」「災害の始まり」「原子力発電所事故直後の対応」「県民の想い」「長期化する原子力災害の影響」「復興への挑戦」から成る。入館して最初に、七面巨大スクリーンの映像を観ることになる。ここでは、原発が設置されて多くの雇用が生まれ、日本の高度経済成長と豊かさを支えてきたこと、地震・津波・原発事故が起こり、住民の避難を経て、復興に向かっているという物語が語られる。映像を観終えると、スクリーンを囲むスロープを上っていく構造になっている。スロープの壁には年表が掲示され、これまで国内外で原発事故（スリーマイル島、チェルノブイリ、東海村など）が起きたことや、福島第一原発事故が起きてからの詳細な状況が記されていた。

そのまま二階の展示室へ到着すると、事故前の様子が分かる展示が始まる。学校の教育プログラ

写真１　原発PR看板レプリカ

ムによって原発に夢を託す子どもたちの作文や、かつて双葉町にあった「原子力明るい未来のエネルギー」の看板の写真パネルが展示されていた。この看板は、一九八七年に双葉町が標語を公募し、小学校六年生だった大沼勇治さんが考案し、最優秀作に選ばれたものである。町の中心に設置されていたが、帰還困難区域に残され、繰り返し報道された。二〇一五年、町が撤去しようとしたのに対し、大沼さんの抗議と署名活動によってこれを止めたが、伝承館に実物を展示して欲しいという要望は叶えられなかった。このことはマスメディアでも取り上げられ、批判の声が相次いだため、実物を展示することになったものの、看板本体の劣化が激しいという理由で、屋外にレプリカを展示することに変更された（写真1）。このように、伝承館の展示に対しては、市民や専門家からさまざまな批判の声が上がり、マスメディアもこれを活発に報じたことで、開館から半年余りの二〇二一年三月に展示内容が改訂されている。私たちは二〇二一年九月に再訪し、改訂を確認した。

原発事故については、爆発の映像とともに現場の電話音声が公開されており、緊迫感が伝わってくる。事故直後の対応では、モニターで、東京電力の職員、オフサイトセンターや自治体で指揮に当たった人々の証言が見られる。たとえば、「高い放射線量の中、誰かが状況を確認しなければならず、自ら志願した人がいた」という証言があるが、その人がその後どうなったのかについては触れられていない。また、どの自治体がどこへ避難するかを書き出したパネルや避難所で使われていた毛布などの実物展示からは、右往左往させられた人々の混沌とした状態が想像される。

特に印象深いのは、語り部による口演である。私たちは、南相馬市に住む三人の子どもを持つシングルマザーの口演を聴いた。何の情報もなく、個人の判断で必死に逃げ回ったこと、一時的に家族が別れて暮らし、子どもが精神的な問題を抱えたこと、南相馬市に戻り家族で暮らす選択をしたこと、子どもに甲状腺嚢腫が見つかったが何度目かの検査でそれが消えたこと等々が語られた。原発事故後に、実際にどんなことが起きるのかを具体的に知る貴重な機会であり、口演後に語り部を囲んで話をすることもできた。

教訓とすべき、東電、国、行政の責任については、開館当初は扱われていなかったが、展示の改訂後は、事故調査委員会による「対策を怠った人災」という展示が付け加えられた。現在の放射線量の展示では、壁面に世界と福島県内の主要都市の放射線量が表示されており、福島の放射線量は他の国の主要都市と変わらないという説明であった。しかし、そこには、伝承館を含む事故地周辺の高い放射線量は示されていない。

放射線のリスクについての展示は皆無である。原発事故を経験していない未来の世代がこれらの展示を見て、原発事故が単なる爆発事故とどう違うのかを理解することができるだろうか。日本の学校教育では、広島・長崎の原爆について学び、『黒い雨』『はだしのゲン』などの原爆をテーマとする作品に触れることで、放射線の恐ろしさは誰もが何となくは知っているかもしれない。伝承館の展示では、おそらくそのリスクは暗黙の了解として扱われているのだが、その了解の中身には人によって大きな差がある。人々がなぜ避難しなければならなかったのか、今なお帰還できない人々が大勢いるのはなぜなのか、一般市民にわかりやすく放射線のリスクを示すべきだろう。

現時点で、もっとも新しい公的ミュージアムは、とみおかアーカイブ・ミュージアムで、福島第一原発から南へおよそ十キロ離れた富岡町に、二〇二一年に設置された。富岡町の歴史や文化、震災と原発事故で変化した町の様子を語り継ぐことを目的にしている。化石や縄文時代の土器の展示から原発を誘致してきた時代まで、富岡町がどのように形づくられてきたのかが分かる展示になっている。原発事故当時の町の対策本部の様子を再現したものや住民へ避難を呼び掛けた後、津波に巻き込まれ死亡した二人の警察官が乗っていたパトカーなどが展示され、原発事故が起こってからの詳細な年表や、帰還困難区域の地図などとともに、原発事故が起こる以前の町の歴史を知ることで、事故によって失ったものの大きさを感じることができる。

民間のミュージアム

原発事故を扱う民間のミュージアムとして、いち早くできたのが原発災害情報センターである。二〇一三年五月十九日、事故地からおよそ百キロ南西にある白河市にオープンした。もともと、この地で十年の活動を続けてきたNPO法人アウシュヴィッツ平和博物館と市民有志が母体となり、国内外からの寄付金三千万円によって、同敷地内に開設されたものである。ボランティアによって運営され、手作り感が強く、被害者の視点に立った市民による市民のためのミュージアムと言える。

二〇一四年十二月に初めて訪れた時は、まだ少しずつ作っているところということで、展示物は少なく、線量計とともに除染中の庭やフレコンバッグを見、館長や富岡出身のボランティアの体験を聞かせてもらった。二〇一八年十一月に訪問した時には、センター周辺の空間放射線量、福島県内の小児甲状腺がんの急増、「ニコニコしていれば放射能は安全」と専門家が述べていたことなどが掲示され、双葉町・富岡町の事故前後の写真、チェルノブイリ原発事故の展示、フレコンバッグや除染作業の防護服の実物展示もあった。印象深かったのは、原発事故で帰還困難区域となった家にあった時計の展示で、いつ止まったものなのかわからないので、「古里はいまだにこの時計と同じく止まったままである」と説明がついていた。

その後、センターは休館していると聞いていたが、二〇二一年三月に再開したと知って、二〇二一年九月に訪れた。年月を重ねるなかで紆余曲折があるようで、その時はアウシュヴィッツ平和博物館とは別の場所で、企画展「三・一一から十年　原発災害をどう伝承するか」を開催していた。最初の展示では、「原子力明るい未来のエネルギー」の看板はなぜ伝承館に展示されないのかがテーマになっていた。壁には、実物大と思われる細長い紙にこの標語を書いたものが展示され、その下に、「原発さえなければ」という自死した酪農家が壁に残した文字の写真が展示されていた。

その他、原発事故による人々の避難の様子、白河市の放射線汚染の状況、市民の手による土壌汚染測定調査などの紹介もあった。決して多くの素材があるわけではないが、強い物語性を持つ展示となっており、来館者が具体的なイメージを拡げながら考えることのできる工夫がなされていた。

二〇一八年には、民間のミュージアムが相次いで設置された。みんなの交流館ならはCANvasは、原発から南へ約二十キロ、楢葉町で開催されていたお茶会で挙がった住民らの声を集めて、設置された施設である。施設の一部には被災家屋の木材や解体された小学校の椅子等が再利用され、パネル展示等で震災がもたらした現実と復興の歩みを伝えているということで、震災伝承施設に登録されている。二〇二一年十二月に訪問してみると、震災の経過を追った簡単な年表パネルが並べられているだけで、伝承施設というより、その名の通り市民の交流館だった。

ふたばいんふぉは、福島第一原発から南に約十キロの富岡町に、双葉郡未来会議によって、双葉郡八町村の現状を発信するために設置された。住民目線でのとらえ方、伝え方を住民自らが発信することで、双葉郡のリアリティをダイレクトに届けるとしている。双葉郡の八町村別に展示ブースが作られており、それぞれの自治体の様子がうかがえる。原発事故に関する書籍、地域の特産物や、オリジナルのグッズなども販売されている。

ヒロシマ・ナガサキ・ビキニ・フクシマ伝言館（以下、伝言館という）は、事故地からおよそ十五キロ南の楢葉町の宝鏡寺境内にある。二〇二一年三月十一日、三十代目の早川篤雄住職が賠償金など私費を投じて建設した。早川氏が館長を、共に長く核兵器・原発反対運動に取り組んできた安斎育郎氏（立命館大学名誉教授）と、被災者支援のための「福島プロジェクト」で協働してきた桂川秀嗣氏（東邦大学名誉教授）が副館長を務める。同時に、「原発悔恨・伝言の碑」が建立され、上野の東照宮境内で三十年間灯されてきた「広島・長崎の火」が移設された（写真2）。人類が核の被害を繰り返さないためにメッセージを発信し続けるというのがその趣旨であり、入口には、「PEACE平和」の文字が掲げられていた（写真3）。

放射能汚染や震災関連死、不透明な廃炉のゆくえなど、原発事故を詳細に追った展示に加え、科

写真２　原発悔恨・伝言の碑

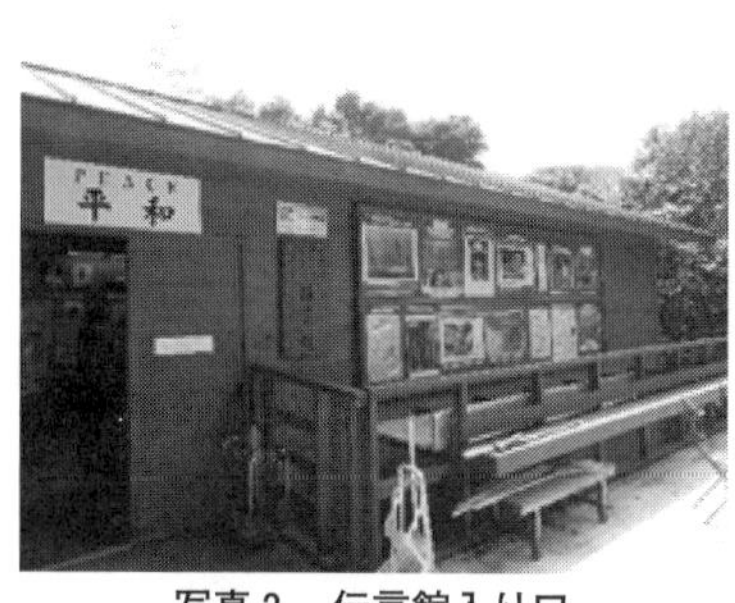

写真３　伝言館入り口

学技術庁による一九七八年の「エネルギー・アレルギー」と書かれた女性のセミヌードのポスターなど、原発政策が進められてきた背景についての展示とともに、地元住民たちによって長く展開されてきた反対運動の展示もあった。福島の今後に向けての具体的な提案も展示され、かなり踏み込んだ内容となっていた。さらに、広島・長崎原爆関係展示、第五福竜丸水爆実験被災事件なども取り上げ、科学の力量を過不足なく理解し、「事態を侮らず、過度に恐れず、理性的に向き合う」姿勢を貫くように努め、核被害が繰り返されることがないよう独自の発信を続けるという。私たちは、二〇二一年九月と十二月に訪問したのだが、人々が集い語り合えるスペースを含む「未来館」を増築中であった。

　原子力災害考証館 furusato（以下、考証館という）は原発事故地から南へ五十キロ、いわき市の温泉旅館古滝屋の館内にある。「水俣病歴史考証館」をヒントに、原子力災害について、被害の全容と構造的背景、被害の克服に向けた様々な取り組みを記録する施設で、「賛成／反対」という立場を超えて学び考えることのできる施設を目指す。古滝屋第十六代当主でもある館長の里見喜生氏は、震災と原発災害で廃業の危機に曝された時、父や先祖ならどうしただろう

写真4　犠牲となった女の子の遺品展示

と考えて何度も墓参りに行き、古滝屋が戊辰戦争、温泉の枯渇、二度の大戦と、繰り返し困難を乗り越えてきたことに思い至る。考証館のパンフレットには、「歴史は過去のために記されるものではなく、未来への指針を考えるために残すものであり、今起きていることに眼を背けず、考証し、未来へつないでいくことが願い」との館長メッセージが記されている。二〇二一年九月に訪れた時には、考証館入り口の壁面に、浪江町・津島地区の住民が原告になった津島原発訴訟の裁判資料とともに、原発事故前後の津島の写真が展示され、故郷を失った方々の戦う姿が見られた。

考証館で圧倒的な存在感を放っているのは、津波で犠牲になった大熊町の七歳の女の子が使っていたランドセルや靴などの遺品展示である（写真4）。原発事故で立ち入り制限されたため、本格的な捜索ができず、遺骨の一部は、震災から六年近く経った頃に瓦礫の山から見つかった。父親やボランティアが防護服を身にまとい、シャベルで自宅周辺の土を掘り起こしている大きな白黒写真を背景に、写真のなかから取り出したような枯れ木が無造作に組まれ、そこに遺品が置かれている。この造形は、父親自ら製作したという。父親は、里見氏と知り合い、遺品を展示することを決めた。顔の見える関係を大切にした展示が、来館者にマスメディアを通して感じるものとは異なる親密感を与えている。

東京電力によるミュージアム

東京電力廃炉資料館（以下、廃炉資料館という）は、東京電力ホールディングス（TEPCO）が設置主体であり、二〇一八年、富岡町にオープンした。もとは福島第二原発のPR施設だったものである。パンフレットには、「原子力事故の記憶と記録を残し、二度とこのような事故を起こさないための反省と教訓を社内外に伝承することは、当社が果たすべき責任の一つです。長期にわたる膨大な廃炉事業の全容を見える化し、その進捗をわかりやすく発信することは、国内外の英知の結集と努力を継続させていく上でも大切です。関係施設及び周辺地域等との連携を図りながら、原子力事故を後世にお伝えしていくとともに、復興に向けた皆さまの安心につなげていくよう努めてまいります」とある。

事故の反省と教訓を後世に残すことを掲げているだけあって、事故の状況や教訓について大きく扱っている。「記憶と記録・反省と教訓」の展示スペースでは、シアターホールで上映される映像による事故のお詫びから始まる。「事故を天災と片付けてはならない。事故によって多くの人に迷惑をかけたこと、原発は安全だと過信していたことを深く反省している。その上で、福島の復興と廃炉に全力で取り組む」とし、廃炉作業の複雑な工程を示している。

原発事故の基本情報、地震発生から電源復旧までの十一日間、一～四号機の事象、全電源を喪失した一、二号機中央制御室の事故当時の様子、地震発生から電源復旧までの福島第二原発の対応と経過などを、パネルや最新型の電子機器を使って解説している。そして、反省と教訓として、「防ぐことのできなかった事故の事実に正面から向き合い、昨日より今日、今日より明日の安全レベルを高めてまいります」という。ほとんどの展示は撮影可であったが、反省と教訓の映像モニターは撮影不可だった。注意深く聞くと、映像モニターの締めくくりには、「比類なき安全を創造し続けることを、ここに決意いたします」と映し出されるのに対して、音声では「比類なき安全を創造し続ける原子力事業者になることを、ここに決意いたします」と述べられていた。原子力事業者であることに恥や葛藤があるのだろうかと余計な勘繰りを入れたくなる。お詫びと反省が繰り返されるが、具体的な問題点は語られず、何がどんなふうに改善されたのかは見えてこない。

もっとも印象深いのは、「あの日、三・一一から今」という原発で事故対応にあたった職員が実名で思いを語る映像展示である。そこでは、事故後無事だったと手を取り合って喜んだのも束の間、自分たちが信じられない放射線量の中にいること、誰もが志願して現場に残ったこと、事故を次の世代の職員へ伝えていかなければならないこと等々が語られていた。登場する職員たちの表情からも悲痛な状況が伝わってくる。廃炉資料館は、高度な科学技術を使用した技術的な説明と同時に、見る者の心情に訴える展示となっていた。

二　福島のミュージアムで構築される原発事故の記憶

なかったことにされる放射線による人体への影響

福島の原発事故を扱ったミュージアムを紹介してきたが、それぞれのミュージアムが、原発事故の記憶をどのように構築していっているのか、チェルノブイリ・ミュージアムと比較しながら考えたい。

チェルノブイリでは、事故対応にあたった消防士や作業員、兵士たちを「リクビダートル（後始末をする人の意味）」と呼ぶ。チェルノブイリ・ミュージアムに入ると、おびただしい数のリクビダートルの顔写真と遺品の展示に圧倒される（写真5）。事故処理作業には高い放射能被曝を伴い、急性放射性障害で亡くなるか、癌を発症するなど、病気や障害を抱えた人々がいた。ひとりひとりの顔が見え、事故に巻き込まれてしまった人々の小さな物語が多声的に聞こえてくる。事故が起きた時、ウクライナはソビエト連邦の一部であった。展示されていた当時の新聞には、「原発で火災が発生」と、とても小さく取り上げられていた。こうして、連邦政府によって事故は隠蔽され、被害が大きくなったことが理解できる。これらの展示は、致命的な放射線被害をもたらす原発事故の悲惨さとともに、時の権力が国民に対して不誠実であったことを批判しており、事実が共有されることがいかに大事であるかということを伝えている。そのためなのか、チェルノブイリ・ミュージアムの展示はとても細かく、事故当時のことを一つも漏らしたくないようにも見える。亡くなったリクビダートルたちの顔写真や事故処理作業中のメモ、彼らの遺品から向けられる無言のまなざしは、原子力災害がいかに恐ろしいかということの記憶を私たちにもたらし、伝承する責任を託しているようでもあった。

福島のミュージアムで、事故当時のことを扱っているのは、伝承館と廃炉資料館である。伝承館では、現場の作業員、危機対応にあたった行政職員、情報もなく恐怖と混乱のまま避難させられた被災者など、複数の立場から原発事故の衝撃を伝えている。その一方で、放射線のリスクに関する具体的な情報は展示されていない。県民健康調査に関する映像展示では、「子どもの甲状腺がんと放射線量との関連は（現時点では）認められない。放射線による直接的な影響というよりも、長期的避難による間接的な影響がみられた。高血圧や肥満、糖尿病のリスクが高まったり、うつ病のような症状が出たり、子どもが情緒不安定になったりしており、こころの健康度と生活習慣の調査結果を見ていく」と述べられていた。しかし、これは、県民健康調査に答えられた人の結果である。さまざまな事情により、この調査に答えていない人たちがいるだろう。その中には、放射線の影響により亡くなった方も含まれているかもしれない。

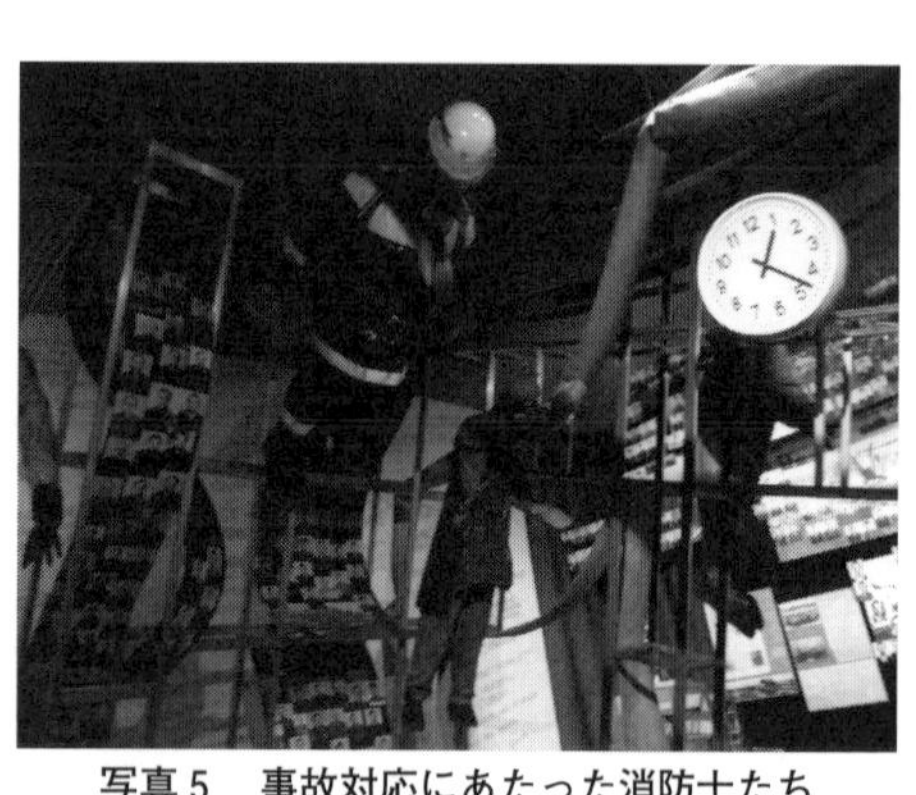
写真５　事故対応にあたった消防士たち

伝承館では、原発事故の放射線による直接の死や健康被害についてはなかったこととし、むしろ、メンタルヘルスや生活習慣の問題を強調する記憶が構築されていく。放射線の人体への影響については、いまだによくわからないこともあるだろう。だからこそ、長期にわたる丁寧な調査と議論が望まれるのだが、現在の伝承館の展示からは、放射線の影響を矮小化する記憶がつくられていく可能性がある。実際、第五章でも扱われているように、二〇二二年一月に、事故当時六歳から十六歳だった人たちが、事故で放出された放射性物質によって小児甲状腺がんにかかったと訴訟を起こした。裁判の行方とともに、それが伝承館の展示にどう反映されていくのか、注視していきたい。

廃炉資料館は、原発事故当時について詳細に展示している。事故発生時の混乱の中、スタッフたちは決死の覚悟で対応にあたっていた。事故対応にあたったスタッフの生の声は、どこかヒーロー性を帯び、見る者の胸を打つ。映画『Fukushima 50』で描かれたストーリーそのものである。しかし、一番気になる殉職された方はいなかったのか、その後、健康被害や障害などで苦しんでいる人はいないのかなどについてはまったく触れられていない。ここでも放射線による健康被害は不可視化されているが、実際には、被曝により労災認定された作業員たちがいる。複雑な廃炉への工程、お詫びと反省の展示が繰り返されることで、心情に訴えつつ、東京電力の懸命な取り組みという集合的記憶を作り出そうとしているようにも見える。途方もない原子力災害に対峙する職員や下請けの作業員たちの健康被害を取り上げないことは、彼らの存在をなかったことにしてしまう。廃炉資料館が構築する記憶、それを強化するような映画に対しても、そこで語られていないものは何か、という視点を持つことが大事であろう。

チェルノブイリ・ミュージアムでは、原発事故による喪失を可視化し、悼むことが重視されている。リクビダートルや避難者の子どもたちの顔写真は、一人ひとりの名前は知らなくても、生身の人間が確かに存在し、放射線にさらされてきたことを実感させる（写真6）。住めなくなった村の名前に赤い斜線が引かれた看板が、館内の順路に添っていくつも展示され、たくさんの村が消失したことが実感でき、先祖から受け継いできた土地を離れ、継承してきた文化も途絶えた悲しみを訴えている。照明を落とした館内の厳粛な雰囲気からは、事故によって、どれほど多くのものが失われたのかが痛いほど伝わってくる。チェルノブイリ・ミュージアムでは喪失の記憶が創出され、回復や復興に関しての展示はない。事故の影響は世代を越え、復興には気の遠くなるような長い時間がかかることが示されている。来館者がチェルノブイリで起きた大きな痛みに寄り添う気持ちを持つには、十分な空間である。人は喪失の事実と向き合うことから、回復の物語へ一歩踏み出すことができる。

写真6　リクビダートルや避難者の子どもたち

福島のミュージアムでは、当初、喪失はほとんど扱われてこなかった。コミュタン福島、環境再生プラザ、リプルンふくしま、廃炉資料館を合わせて見学すると、原発事故発生から除染、汚染土の埋め立て、原発の廃炉という一連の流れが顕現し、環境回復の物語が強化されていく。満を持して設置された伝承館が、喪失をどのように扱うのかに注目していたが、その展示は現時点では不十分と言わざるを得ない。かろうじて震災関連死の人数を表記していたが、数字からは、どのような経緯で亡くなったのかを具体的に想像することは難しい。被曝による健康被害や死についての情報も欠如している。モニターでの証言や語り部の語り口からは、かつての生活を失った方たちの姿が見えてくるが、今なお故郷に帰ることができず、避難生活を送りながら、住宅提供を打ち切られ、生活に困難を抱えて苦しむ人々の存在はごっそり抜け落ちている。そしてまた、被災者は福島県民だけではないことも指摘しておきたい。

たくさんの人々が故郷を失い、コミュニティを失い、先祖たちとのつながりを失い、歴史を失い、思い出を失った。福島の人々だけではない。毎年、福島を訪れるたびに、その美しく豊かな自然に圧倒され、私たちが失ったものがかけがえのないものだったことに胸がつぶれる思いがする。安心や信頼といったものも消えてしまった。膨大な喪失や痛みを無視して、これらのミュージアムは性急に、あるいは強引に回復の記憶を作り出そうとしているように見える。

公的なミュージアムと廃炉資料館が回復の記憶を作り出す一方で、民間のミュージアムが、それぞれの視点から喪失を扱っている。原発災害情報センターは、原発事故によって自ら命を絶った酪農家を取り上げて、事故による最大の被害者の声を残そうとしている。伝承館における震災関連死の展示からは見えてこない死者の物語である。一人の死者の物語に触れることで、この原子力災害により人生を狂わされた人がいて、その結末がどれほど悲惨なものなのか、という記憶を作り出している。「原発事故による死者はいない」と発言した政治家がいたが、福島の環境回復、その先の原発再稼働へと続く物語を進めたい政府に対しても、この展示は静かに、しかし力強い抵抗を示している。また別の展示では、長きにわたって放射線量を測定し続け、それを地図上に棒グラフで示すことで、いまだ放射線量がかなり高いことを視覚化している。数字ではなく棒グラフで示される放射線量は、高さが際立って目立つところがある。伝承館が、放射線量の下がった地域を強調して展示するのに対し、正反対の切り口である。市民によるこれらの展示は、原子力災害によって、人の命も、生きていくための土壌も奪われ、それは取り返しのつかない大きな喪失なのだと、記憶に残そうとする力がある。

考証館でも、原子力災害による家族の喪失の物語が語られ、現在行われている原発事故訴訟を取り上げることで、先祖代々の土地やコミュニティ、生業や故郷の喪失の記憶を残そうとしている。東京電力や国を被告とする原発事故を巡る裁判は、公的なミュージアムでは取り上げられておらず、廃炉資料館でも取り上げられていない。今後長く続いていくであろう裁判に関する展示は、原子力災害による果てしない喪失の記憶を明確に作り出すことだろう。

このように、民間のミュージアムが、環境回復という大きな物語に取り込まれることなく、かき消されてしまいそうな声を拾っていることは貴重である。

当事者意識の希薄さ

原発事故には、原発の安全性を過信して爆発を招いてしまった加害者と、放射線の影響から避難を余儀なくされたり、生業を止めざるをえなかったりした被害者がいる。チェルノブイリ・ミュージアムや原発災害情報センター、考証館や伝言館は、おもに被害者の記憶を扱っており、廃炉資料館は、加害者の記憶を扱っている。コミュタン福島やリプルンふくしまでは、人と環境とを分け、環境回復のみを取り上げるため、加害者の姿も被害者の姿も見えない。伝承館では、語り部やモニターの証言などから、加害者も被害者も取り上げられている。

しかし、原発事故の「当事者」は誰なのかを考える時、加害者である東京電力や国、被害者である住民だけなのだろうか。原発による利益を受け取っているのは、都心部に暮らす人々である。高橋哲哉は、著書『犠牲のシステム　福島・沖縄』（二〇一二）で、誰かの生活が誰かの犠牲から利益を上げるメカニズムのなかに組み込まれているあり方を「犠牲のシステム」と呼ぶ。原発が私たちの生活に欠かせない電気を作り出すためのものである以上、実は誰もが当事者なのである。当事者意識に開かれなければ、原発事故の記憶はあくまでも他者のものに留まり、共有の歴史にはならない。そのような意味で、来館者である私たちの当事者意識を刺激するような展示は見当らない。伝承館のスタッフとの会話では、伝承館で最初に観る映像は、来館者がその後に目にする展示を自分事として受け取れるようになることを意図しているが、まだ不十分だと感じており、「県民の想い」のコーナーでもっと工夫できないかと考えているとのことだった。たしかに、私たちが観た映像は、原発が多くの雇用を生み、日本の高度経済成長を支えたという主旨であったが、そこには、都市部と原発立地地域との関係は描かれず、また国策として原発が建てられていったことも、原発を誘致するにあたって反対運動が起きたことも述べられていなかった。伝承館が当事者意識を重視していることは重要であり、今後の展示がどのように変化していくのか期待したい。

また、考証館では、館長の里見氏の案内で考証ツアーが行われている。私たちは、二〇二一年九月の時点で帰還困難区域に指定されている富岡町などを訪ねたが、ツアーの移動中、車窓から東京電力広野火力発電所が見えた。ここで作られる電力は、首都圏へ送られており、「首都圏の方にこれを見てほしい」と言う。このようなツアーに参加し、案内人や参加者と対話を重ねることは、原発事故の当事者意識を大いに刺激する体験となる。ミュージアムとツアーの組み合わせは、チェルノブイリでも行われており、私たちも実際にチェルノブイリのツアーへ参加した。ミュージアムの館内展示を超え、ツアーで体験したことも含めて、記憶は構築されていくのである。

フクシマに囲い込まれる被害

チェルノブイリ・ミュージアムでは、チェルノブイリの教訓を世界の次世代に警告するという目的に添って、多言語での音声解説を用意しながら、繰り返された悲劇を共に抱え、連帯しようとする姿勢が見られる。何よりも驚いたのは、ミュージアム一階のほとんどのスペースが、福島の原発事故の展示だったことである。この展示は、二〇一三年の企画展が更新されながら常設化しているようであった。双葉町の「原子力明るい未来のエネルギー」の看板の写真、積み上げられたフレンコンバッグ、避難家族や自死遺族、甲状腺検査を受ける子どもの写真や、原発反対デモの新聞記事もあった。また、福島の原発事故の映像の両側に、ウクライナ語と日本語でキーウの栗の木から福島の桜の木へのメッセージが展示されていた。「私達はあなたと共にいる／傷が癒されるように／祈りを捧げている」と（写真7）。ウクライナの民族衣装を身に着けた小さな人形が福島の起き上がりこぼしとともに並べられ、事故で消滅したウクライナの村々の看板と、福島大学から送られた鯉のぼりがともに吊るされていた。福島の原発事故と人々の苦悩が詳細に描かれており、ウクライナの人々がどれほど福島へ心を寄せているかが感じ取れた。二階の展示の中では、広島・長崎原爆への言及もあり、原発事故を核被害としての連続体に位置づけ、人類普遍のテーマとして語っている。ホールの天井には原子炉素材で世界地図が描かれ、原発所在地にランプが灯っており、地球というひとつの惑星に暮らす人類が、これだけ多くの原発を所持していることに怖さを覚える。

伝承館は、チェルノブイリやその他の原発事故について表記しているものの、「福島だけが経験した原子力災害」「福島にしかない原子力災害の経験や教訓」と福島の独自性を強調している。福島の独自性とは、地震と津波を併せた複合大災害というところにあるらしい。廃炉資料館においても、そもそもの原因は地震と津波にあるということを前提に、自然を侮っていたことを反省する姿勢がとられている。原発事故や放射線の問題を福島に閉じ込め、国内はもとより国外へも不可逆的な大きな被害を与えたことから目を逸らさせており、チェルノブイリや他の被害との比較や関連づけをさせないことにつながるのではないかと危惧される。

写真７　フクシマへの祈り

原発事故の怖ろしさを認識しながらも、エネルギーをロシアに依存することを免れるためにウクライナは原発推進政策をとっている。チェルノブイリ・ミュージアムが「文明と地球を危険にさらした科学技術」と表現するのに対し、福島にあるミュージアムでは、ひとたび事故が起きれば国境を越え、地球規模の放射線災害が起きることにまでは触れていない。地球という視点はおろか、日本国内という視点よりもさらに小さい福島を語る展示ばかりである。唯一、原発事故を人類普遍のテーマとして扱っているのが伝言館である。伝言館は原発を核の問題として位置づけ、福島の原発事故は、住民・県民・国民が警告し続けていた中で起こったと指摘する。核の問題は、ヒロシマ・ナガサキ・ビキニ・フクシマとつながっていて、それは戦争や暴力ともつながっているのだとして、平和という大きな枠組のなかで、原発事故をとらえようとしている。

三　福島のミュージアムの今後に向けて

ミュージアムの主体によって異なる集合的記憶

同じ事案を主題としながら、別々の場所で別々の集合的記憶が作られていく事例は、水俣病で報告されている。水俣病は、日本窒素肥料株式会社（現チッソ）が工場から水俣湾に流し続けた有機水銀が原因で神経障害等が発生したもので、一九五〇年代から原因不明の症状が訴えられるようになり、一九五六年に公式確認された。水俣病を扱うメモリアル・ミュージアムには、自治体による水俣病市立資料館と民間による水俣病歴史考証館がある。平井（二〇一五）は、水俣病を扱うこれらふたつのミュージアムを比較し、それらが互いに対抗し合い、ある意味で相補的関係にあるため、両者を比べることによって、水俣病についてのより重層的、多角的な意味を学ぶことができると指摘している。そのうえで、より影響力が大きく権力を持つ行政は、地域の分断の解決に資するうえでも、格別の謙虚さと敏感さをもって被害者の声に耳を傾けるべきであると言う。

水俣病を扱うミュージアムと同様に、福島のミュージアムでも、ミュージアムの主体が誰なのかによって、それぞれ別の集合的記憶が作られている。国や福島県が設置したミュージアムは、放射線被害からの環境回復の記憶を創出し、廃炉資料館は、原発事故への懸命な対応、お詫びと反省という記憶を作り出す。そんな大きな物語に抵抗するかのように、原発災害情報センターは、放射線被害の詳細な記憶を残そうとし、考証館は原発事故による喪失を悼みながら、当事者意識を問いかける。そして、伝言館は原発という核そのものが人類の平和を脅かすと訴えている。

フォーラムとしてのミュージアムをつくる

ミュージアム研究者であるDuncan（二〇一二）は、「フォーラムとしてのミュージアム」を提起し、いまだ合意も定説も存在しない出来事やテーマに対しては、ひとつの権威ある声に収斂することなく、多様で個性を帯びた複数の声を聴かせ、問題を複数の視点から提示することにより、多様な声と議論が可能なミュージアムが求められているとする。

原発事故処理にあたった消防士をたたえる小さな写真展から始まったチェルノブイリ・ミュージアムは、今では原発事故を人類普遍のテーマへと昇華させ、世界へ発信している。世界中から訪れる来館者は、原発事故が起きてはならないものだと十分に感じ取り、自国のエネルギー政策について、または電気を消費する自身の生活について考えを巡らせるかもしれない。あるいは、国家権力が情報を隠蔽する可能性にも注意深くなるかもしれない。チェルノブイリ・ミュージアムは、来館者に原発に対する当事者としての自覚を促し、多様な議論が展開される場となっている。長い時間をかけて、フォーラムとしてのミュージアムに醸成されてきたと言えるだろう。

伝承館はまだ発展途上にあり、開館から半年余りで、多くの市民や専門家の声を受け、展示内容が改訂されていったことは、フォーラムが形成される下地があるといってよい。私たちが訪問した時、語り部の話を聞いた後に、来館者と直接対話し、スタッフに疑問をぶつけることができた。今後、市民の疑問に答え、市民の声を積極的に展示に取り入れていく努力が求められる。そうすれば、原発事故で生じた行政に対する不信感を減じることにも役立つだろう。

原発災害情報センターや伝言館、考証館など、個性ある民間のミュージアムが活動していることは心強い。福島に複数のミュージアムが設置されていることで、より多声的な記憶の継承と議論が生まれていく。今後、福島に限らず、多様な視点から多様なテーマに焦点をあてた小さなミュージアムがたくさん生まれていけば、原子力災害という大きな出来事を多面的に理解する助けになるに違いない。先に挙げた竹沢（二〇一五）が、集合的記憶を固定化させる働きをするのがミュージアムであり、その展示をたえず刷新し、別の視点から記憶に向き合うことを促すのもまたミュージアムだと指摘するのにならって、私たち市民が、福島のミュージアムに対して働きかけ、フォーラムとしてのミュージアムを作り上げていくことが重要であろう。

おわりに

精神分析家のKoh（二〇二〇）は、集団が集合的トラウマを抱え、それに対処できないでいると、個人のトラウマと同じように、集団も症状を抱え、時間をかけてゆっくりと根底から崩壊していくかもしれないという。これを乗り越えていくためには、関係者が会して共に想起し、語り合い、何が起こったのか、そこで自分たちがどんな経験をし、何を感じたのか、それはどのような意味を持つのかといったことを共有することが有効であるという。

フォーラムとしてのミュージアムでは、多様な当事者が声を上げ、多様な人々を抱えこむことのできる集合的記憶が構築されていく。そして来館者をも当事者として巻き込み、この記憶に主体的に向き合うことを求める。この動きは留まることのない生きたプロセスである。二〇二二年になり、原発事故当時、小学生だった若者たちと話す機会があった。福島県出身ではないのだが、「原発が何なのか知らなかった」と話していた。これを聞いた時、次の世代へつなげていくことの難しさを感じ、彼らを原子力災害のフォーラムへ招き入れていきたいと思った。電気を使うかぎり、彼らもまた当事者意識を持つわけである。メモリアル・ミュージアムで展開されるフォーラムは、原発事故を経験していない世代へも継承されていくべきものである。原発事故という災厄を前に、私たちは分断するのではなく、立場の異なる当事者同士として対話し、連帯を深めて行動したい。このようにして、フォーラムとしてのミュージアムを作り上げていくことは、いつか集合的トラウマを乗り越えることにつながっていくだろう。

ここまで原稿を書き校正をしていた二〇二二年二月末、ロシアがウクライナに侵攻したという衝撃的なニュースが飛び込んできた。サポロジエ原発が攻撃され、チェルノブイリ原発が制圧され電力が停止するなど一触即発の新たな原子力災害の危機に私たちは曝されている。「原子力の平和利用」などあり得ず、原子力は核であり、まぎれもなく兵器であることが露呈した。破壊されたウクライナの街の映像を観るたび、私たちがウクライナを訪れた時にお世話になった方たちはどうしているのかと、胸が押しつぶされそうである。チェルノブイリ・ミュージアムも同じ姿で見ることは二度とできないかもしれない。一刻も早く戦争が終わるよう、キーウにあるチェルノブイリ・ミュージアムが破壊されないよう祈り続けている。

文献

Duncan, F. C.（2012）"The Museum, a Temple or the Forum" In Anderson, G. "Reinventing the Museum. 2nd Edition" ALTAMIRA Press

平井京之介（二〇一五）「「公害」をどう展示すべきか―水俣の対抗する二つのミュージアム」竹沢尚一郎編『ミュージアムと負の記憶　戦争・公害・疾病・災害：人類の負の記憶をどう展示するか』東信堂

Koh, E.（2021）"The Healing of Historical Collective Trauma." *Journal of Genocide Studies and Prevention* vol.15 P113-115

竹沢尚一郎（二〇一五）「フォーラムとしてのミュージアム」竹沢尚一郎編『ミュージアムと負の記憶　戦争・公害・疾病・災害：人類の負の記憶をどう展示するか』東信堂

第七章

災害救援者（ＤＭＡＴ）が臨地から学んだこと

増尾佳苗

私は総合病院の看護師長をしている。また、災害看護に携わる看護師であり、災害医療派遣チームＤＭＡＴの災害救援者（以下救援者という）として幾度も災害現場で救援活動をした経験を持つ。その中でも東日本大震災の救援活動は、今までの活動の中で別格だった。未曽有の災害と言われた現場は、想像を超える惨状で、今でも目に焼き付いている。流された車やがれきが所々に散乱し、道路や駅に積み重なっていた。そして、人がいなかった。物がきしむ音と、風の音しかなかった。

一　災害救援者（ＤＭＡＴ）としての活動

出動から現地到着まで

私のチームは、事務職三名、医師二名と筆者を含む看護師三名、の計八名で編成され、病院の救急車両二台で発災翌日に出発した。福島原発の状況を把握していたので、遠回りではあったが、風上である日本海側のルートを選択した。移動中は車両の外気を遮断して走行し、一晩かけて移動した。発災三日後に宮城県多賀城市に入り、三日間医療救援活動を行った。警察や消防、自衛隊など多数の救援者が集まっていたが、混乱していた。福島第一原子力発電所事故の影響で撤退や待機となったチームもあった。

活動

情報が届かず、不確実で不安定な医療活動に私たちは混乱した。他のチームも同様だった。何がおこっているのか、何が必要なのか、そして何をすればいいのかわからなかった。出発から帰還までの移動を含めた五日間、ほとんど不休で活動した。大きな余震や雪と寒さに悩まされ、二次災害の恐れを感じながらの活動だった。

活動一日目は、霞目駐屯地の広域医療搬送拠点ステージング・ケア・ユニット（以下ＳＣＵという）にて活動した。ＳＣＵは大規模災害時、被災した人々をヘリコプター（以下、ヘリという）や緊急車両を使って救済し、一か所に集めて傷病者の治療と広域の医療施設への搬送を行う広域搬送拠点の臨時医療施設である。活動内容は、被災者の治療と受け入れ病院の選定、病院までの搬送支援だった。霞目駐屯地には多数の自衛隊ヘリが離着陸を繰り返し、ケガをしている人や全身ずぶぬれの人など様々な被災者を下ろしていった。医療用テントには百人を超える被災者が運ばれてきた。ほとんどの人々が津波に流されていた人であり、低体温だった。また、海岸の病院が津波で被災し、屋上に避難した患者も運ばれてきた。ＳＣＵで治療を終えた被災者は、受け入れ病院に搬送されていった。搬送対応してくれた救急車は日本全国から集まった救急車だった。

私は、次々に運ばれてきた被災者の手当てをする中で、あまりに悲痛な様子の方々が気になった。そして、できるだけ傍にいて話を聴いた。医療用テントには暖房がないため、体温が下がらないように、泣き続ける方々をさすりながら話を聴いた。どの方も自分は助かったものの、家族の安否が不明だという人ばかりだった。

活動二日目、急に被災者が運ばれてこなくなった。無線や災害対策本部の情報はあいかわらず混乱しており、多数運ばれてくるとかこないとか情報が錯綜した。駐屯地は高い壁に囲まれており、まわりで何がおこっているのか全くわからなかった。私はラジオの情報から大きな被害であると理解していた。数日で収束できるとは考えられなかった。このままここで待機するだけでいいのか悩んだ。前日対応した方々の話では、海岸沿いの町は壊滅的な被害を受け沢山の人が津波に流されてしまったと聞いていた。急に誰も運ばれてこないのはおかしい、地域に巡回診療したほうがいい、待っていられないと思った。

そこで、災害対策本部に報告し、巡回診療の許可を得た。二次災害に巻き込まれる可能性もあるため、チーム全員で動くのはやめて私を含む隊員三人で行くことにした。救急車両で霞目駐屯地を出た直後、驚いた。階段の部分だけなくなっている歩道橋（この上で一晩あかした人もいたとのこと）や海の方向に大きく傾いた電信柱。鉄塔には高さ三メートルほどのところに津波で流された車がぶら下がっていた。道路は、海の砂がヘドロのように張り付いた状態で粉塵が舞っていた。タイヤや窓や屋根の一部など、いたるところに様々な物が散乱していたため、パンクしないように慎重に車を進めた。電車の線路はゆがみ、駅舎も倒壊していた。ゆがんだ線路の先に見えた電車は、脱線して横転したままだった。線路や家の壁には海藻のようなものが付着していた。家が流され横倒しになり、屋根だけ川辺に落ちていた。ロードサイド店のガラスはすべて割れ、無数の車が店に突っ込むように入り乱れており、ガソリンのにおいがした。いったいどこまで津波がきたのかわからないほど同じ光景が続いていた。そして、人がまったくいなかった。緊急車両や救援の車も見当たらなかった。ぶら下がった車のきしむ音と風の音だけが聞こえていた。被災者の方々から聞いた話は本当だった。全身が震えた。人は一体どこにいったのだろうか、耳をすませても人の声は聞こえなかった。避難所に避難されているのではないかと判断し、カーナビゲーションの学校マークを頼りに移動した。道中、報道されていた多賀城体育館の前を通りがかった。国境なき医師団や他の救護班の車両があり、報道されているところは大丈夫だと判断した。そこで、救援車両が停車していない小さな小学校を見つけた。百人ほど避難されており、教室で生活されていた。救護班は初めてとのことで、喜ばれた。私たちは体調の悪い人はいないかと声をかけて回った。少し高台にある場所だったので、津波被害は免れたが揺れがひどかったと話された。ライフラインは途絶え、支援物資も届いていないため、自宅から持ち寄ったものを分けあっておられた。二時間ほど診療活動を行い、その小学校を後にした。女性の校長先生が何度も頭を下げてくださったことが印象に残った。

次に海側に移動し霞目駐屯地の近くの小学校に行った。体育館には三百人前後おられた。体育館内は暗く、湿った床に濡れた毛布が置いてあり、布でくるまれた赤ちゃんが寝ていた。避難所のリーダーの方から、初めての救護班だとまたも喜ばれた。しかし、少数で沢山の方々を診ることは難しいと判断し、トリアージを行った。トリアージとは、傷病者の緊急度や重症度に応じて治療の優先度を決定して選別を行う事である。私は、大声で自己紹介をしたのちに「診療を望まれる方、歩ける人はこちらに集まってください」と声をかけた。集まってこられた人々は軽症だと判断し、看護師のＸ隊員が対応した。その間、私と医師は動けない人を診て回った。悪化する可能性のある病状の方が多く、継続した医療救援が必要だと思った。限られた医療資源しかない災害直後は「今、重症な人」しか搬送できない。継続観察の必要な人については医師と話し合い、災害対策本部に継続支援を要請した。

被災者の若い女性が声をかけてくれた。この地域の訪問看護師をしておられ、担当していた患者をこの避難所で待っているとのことだった。診療活動を手伝うと申し出てくださり、ありがたく申し出を受けて協力を得た。おかげで診療のスピードが上がり、全員を診ることができた。終了後、お礼を言おうとその方を見ると、他の被災者の方に赤ちゃんを預けて協力してくださったことに気づき驚いた。その方も被災者であり、気配りが足りなかったことを反省した。そして訪問看護師としての志の高さに敬意を表し、しばらく話をした。気がつくと夜になっており、駐屯地に戻る時間となっていた。避難所のリーダーに活動終了の挨拶をしたところ「ほんとうにありがとう。誰もこないので見捨てられたのかと思った。次はいつ来てくれる」と問われた。今後のことは約束できないので、災害対策本部にこの避難所のことは必ず報告すると答えた。答えたものの、混乱した現状では不確実であることを申し訳なく思った。「次はいつ来てくれる」と言われた言葉と表情は今も心に残っている。

二日目の活動を終え駐屯地にもどった。夜間対応はないと自衛隊から連絡があり、いつも待機している医療テントの隣にある暖房付きの自衛隊のテントで数時間仮眠させてもらえることとなった。被災者搬送用の担架の上ではあるが、久しぶりに足を延ばして眠れると安堵したのもつかの間、夜間に震度五強の余震がおこった。震度四レベルの余震は何度もおこっていたが、その時は驚いた。隊員全員が担架から落ちそうになり、一人の隊員は毛布を水たまりの上に落してしまった。結局、地域の二次災害のことも気になり、あまり眠れず、夜明けに医療テントに戻った。その時、先に医療テントに向かった隊員が「大変だ」と叫んでいた。見ると医療テントが雪と昨夜の地震で倒壊していた。テントの中の医療用機材も倒れていた。本来はその場にいるはずだったが、たまたま自衛隊のテントにいて助かったと思った。運がよかったとほっとしたが、他の隊員は顔がこわばっていた。

活動三日目、活動最終日だった。倒壊した医療用テントを撤収した後、私のチームは巡回診療を行ってから帰還したいと災害対策本部に報告し、許可を得た。前日と同様にカーナビゲーションとラジオを頼りに救援の来ていない地域の学校や体育館を探した。多賀城小学校にたどり着き、体育館近くに車を停めた。その時、体育館前で並んでいた男性に「そこに停めるな!」と怒鳴られた。話を聞くと震災後はじめての給水車がくるという噂でずっと待っているとのことだった。すぐに謝罪し、車を移動させた。その様子で救援物資がとても遅れていることを察した。体育館に入ると、四百人以上の避難されている方々がおられた。リーダーの方に挨拶し、救援物資について確認した。やはり発災後一回しか物資が届いておらず、各家族にマリービスケットの袋が一つずつだけだったとのこと、医療救援は今回が初めてだと喜ばれた。大声で体育館全体に聞こえるように挨拶をすると拍手がおこった。人々の表情が和らいだ。医師が一人の方の診療をしている際、私は常に辺りを見回して気になる人はいないか探った。高血圧、頭痛、不眠、不整脈など、慢性疾患のコントロールができていない人々の診療が圧倒的に多かった。「診療を希望される方」というアナウンスをあえてしなかったのは、前日そのようなアナウンスをしたところ、「医者様に見てもらうほどじゃねえ」と遠慮される方々が多かったからである。愛他的に支え合う避難所において、本当に治療が必要な方を見つけるためには不要な説明だと判断した。

無事活動を終え、隊員全員で車の中でお菓子とパンを分け合って食べた。数日間の緊張が少し和らいだのか皆いい表情をしていた。帰路については原発の問題もあり、行きと同様の日本海側ルートを選択した。東北自動車道から磐越自動車道を経由し、北陸自動車道に入ったところで吹雪にみまわれた。疲労困憊の上に、前が見えづらく、風の強さでハンドルをうばわれそうで危険だと思った。ふと前を走る仲間の救急車を見ると、左右に大きく蛇行していた。二車線をはみだすほどの蛇行だったため、おかしいと思った。そこで、私たちの後続車を前進させ、横につけて運転席を見ると、運転していた隊員とX隊員が、吹雪の中で窓を全開にして大声で泣き叫んでいた。その様子が尋常ではなかったため、路肩に止まるよう合図したが、反応しなかった。そこで私たちの車を前に出して誘導した。一番近い金沢のインターで降り、その日はビジネスホテルに宿泊することにした。後で確認すると、二人とも全く覚えていないとのことだった。疲労困憊で緊張感が途切れるとこんなになってしまうのかと驚いた。

翌日、ホテルの朝食をみんなでゆっくり食べた。約一週間ぶりの温かいコーヒーと食事だった。

野菜や牛乳など、いつもはあたりまえのように食べているものがこんなにありがたいと思ったことはなかった。隊員全員の健康チェックを終わらせ、「家に帰りつくまでが任務なので気を抜かずに安全に帰りましょう」と話し合い、帰路についた。

活動終了後、仲間に現れた変化について

医療救援活動を終え、帰還した私たちのチームは、病院の医師や看護師として通常業務に戻った。後日、同じチームで活動していた看護師のX隊員がメンタルの変調を訴えた。X隊員は、帰還後不眠となり、仕事が手につかず、被災地に戻りたいと休職を申し出てきた。無表情で視点が合わず、別人のようだった。私はチームメンバーとして、話を聞くだけでは難しいと感じた。そこで、集中できる課題を提供してはどうかと災害看護学会での発表を提案した。「やってみます」と返事したX隊員は、一日で抄録を書き上げた。学会では、シンポジストとして参加し、多くの参加者から質問や承認を得た。硬い表情だったX隊員が柔らかな表情に変化していた。学会発表終了後、X隊員は「僕、おかしかったんですね」と笑顔で話してくれた。出動してから半年が経ち、久しぶりに見た笑顔だった。現在、X隊員は、看護師として、救援者として、私とともに後輩育成を行い、自分の経験を後輩に伝え、頼もしい存在となっている。

そんな経験から数年間、私は「こんなこともあった」と終わらせておくことに疑問を抱きながら日々を過ごしていた。立ち寄った本屋で『臨地の対人援助学』が目に留まった。立命館大学の村本先生を中心に、現地の対人援助職者と連携・融合することによって、地域のレジリエンスに働きか

ける「東日本・家族応援プロジェクト」を知り、興味を持った。文中で尾上（二〇一五）が「自分が中心となる物語を描くことこそ、外傷や外圧、自分を失っている状態から解き放つことになるのではないだろうか、それが新たな出発となり再生への力＝レジリエンスとなっていくと思われる」と記していた。私はこの文面を読み、X隊員が一日で学会の抄録を書いてきた時の表情を思い出した。そして『臨地の対人援助学』を創出した大学院で学びたいと思った。

二　大学院生として臨地に学ぶ経験

東日本・家族応援プロジェクトに参加して

大学院に入学し、東日本・家族応援プロジェクトに参加した。私が活動した多賀城のプロジェクトに参加させていただいた。地域の文化を学び、救援者ではなく、大学院生として地域の人々に出会った。救援活動中に見た様々な光景の意味も知ることができた。そして、「被災者は弱者ではない」という言葉を何度も聞いた。心得ていると思っていたはずであるのに衝撃を受けた。医療者として、一人でも多くの方を救援したいという一心で活動していた。被災者を救うという一方的な思いに傲慢さがあったことに気づき、恥ずかしいと思った。医療の世界から外に出ることがなかった私には、対人援助職としての価値・姿勢が問い直される学びだった。プロジェクトで出会った方々はどの方も「できることをやる」「最後は自分でやる、自分の力でやる」と言っておられた。地域の人々の経験知や柔軟性、日ごろからの減災意識を知った。そしてこの学びによって得られた視点の転換は、私の救援活動を論じる際に重要な意味を持つこととなった。専門的な知識や経験で切り込むのではなく、出会いがもたらす被災者の語りや反応を受け止め、応答する相互性を中心に救援を編み出していたのではないか。救援者の一方的な行動ではなく、被災者の反応を得て共に作り上げていった活動なのだと気づかされた。そのことが、メンタルの変調を訴えたX隊員とメンタルの変調を大きくは感じなかった私との違いの要因なのではないかと思い、研究を深める動機となった。

救援活動の手がかり——私とX隊員の語りから得たこと

研究を進めるにあたり、私とX隊員の語りを書き起こした。二人の語りを比べると、二人が現場で何に注意を向けていたのかが明らかに違っていた。X隊員は同僚の救援者、私は被災者に注意を向けていた。これは、経験知の違いからX隊員の不安が強く、他の救援者の判断や行動を頼りにしていたとも考えられたが、X隊員は優れた調整力でメンバーシップを発揮していた。そのためチームメンバーに注意が向き、インタビューでは「とりあえず目の前にあることをこなしていくのがいいのかな」といった目の前のやらなければならない活動に追われ、被災者と関わる機会を逃していた可能性がある。私から見たX隊員は、多数の被災者の救援を行っていたのだが、X隊員自身は「何もできなかった」と自己評価している。そして「何も聴いてこなかった。だから、もう一度戻りたいと思った」と述べ、機会を逃していたことを後悔していた。X隊員は、特殊な現場で日常の看護師の自分を適応させることに難渋し、関係性を築くことができないままに実践を行っていた。

その結果、反応が得られないままに不全感を募らせることになったと理解できる。

災害現場での活動は、X隊員も私も高揚感を感じたままの状態で、やらなければならないことに追われ没頭していた。私は、被災者に注意を向け、被災者から悲惨な経験や生き抜いた語りを聴くことで、高揚感から引き降ろされた感覚を持っている。私とX隊員の救援活動は、高揚感を持ちながらもどこに注意をむけたのかが違いとなって表れたという一つの結果が見えてくる。

私が、被災者の語りによって高揚感から引き下ろされた感覚を持った時、その次に展開されたのは、被災者の語りから現状を知り得たことだった。その語りを受け止め、活動のヒントを得て応答する活動を展開していった。そしてそのことが、現場の救援活動を作り上げる根拠となっていったと言える。その根拠となった被災者の語りは何をもたらしたのだろうか。

三　被災者の語りは救援者に何をもたらしたのか――「出会った人々の語り」

最初に出会った乳がんのAさん

Aさんは五十歳代の女性。乳がんの終末期で入院中だったが、自宅に外泊中だった。最期の外泊になると医師から言われ、東京の大学に通う息子さんが帰省してくれていた。Aさんは自宅の二階で休み、息子さんは一階でテレビを見ていた時に津波に襲われ、Aさんのみ自衛隊に発見され搬送された。私は、多数の被災者が搬送されている医療テントの中で、どの被災者も茫然自失状態であるのにAさんだけ赤い携帯を握りしめ、開いたり閉じたりしながら泣き続けている様子が気になった。医療テントの中はとても寒く、Aさんは小さな体で抗がん剤の副作用のため髪はなく、濡れたままの服で震えながら泣いている姿が痛々しかった。私は、しばらくそばに付き添うことにした。寒さに対して、温める物がなかったのでAさんの手や足をさすりながらそばにいた。しばらくするとAさんが天井を見つめたまま口を開いた。「津波が来た時、家の柱にしがみついていたので流されなかった。シューという引き潮の音とともに、赤ちゃんやおじいさんが目の前で流されていくのを見てしまった。津波は押し寄せる時より引き潮の方がこわいのよ。息子がどうなっているのかわからず、叫び続けた。がれきの中、柱につかまって浮いていたら自衛隊の人に助けてもらった。息子の携帯に電話しているけどつながらない、本当につながらない。外泊しなければよかった。私が死ねばよかった。もう死期が近いのだから」と話された。「津波は引き潮がこわい、すごい音がした」「いろんな人が流されていった」「冷たくて動けなかった」と繰り返し話されたAさんの目線は誰かを見ることはなく、医療テントの天井をずっと見つめていた。私がそばに居る時は、泣かずに体験した話をされていたが、他の被災者対応でそばを離れると泣き続けておられた。何度か同じ話を繰り返された後、「どこから来たの？」と初めて私を見てくださった。私は関西から来たことを説明した。「やっぱりね、関西の言葉だなと思った。遠いところからありがとう、募金をしてくれる人にお礼を言ってほしい。この話を伝えてほしい」と話された。私は、息子さんの名前を確認し、Aさんが探していることを災害対策本部に報告するよう事務の隊員に依頼した。Aさんが握りしめている携帯は水につかっていたため使用できないが、それでも鳴るかもしれないと大切に握りしめておられたのでそのまま見守った。しばらくすると「三陸のわかめはおいしいんですよ。あなたは食べたことがある？」と問われ、「ないです」と答えた。私の隣で記録をしていた香川県の隊員が「なるとのわかめの方がおいしいですよ」と会話に参加してきた。Aさんは「そんなことないよ。絶対三陸の方がおいしいから」と言い返し、にこりとされた。綺麗な笑顔だった。Aさんにとってこの地は大切な場所だということがよく理解できた。「今度必ず食べます」と話した。Aさんが受け入れ病院に搬送される時が来た。携帯をにぎりしめながら、優しい表情で「ありがとう」と話された。私は、救急車に乗られたのを確認し、見送った。

Aさんの語りは何をもたらしたのか

現地に到着し、救援活動を開始して間もない時にAさんに出会った。最初は他の被災者とは違い、激しく嗚咽している様子が気になりそばにいた。Aさんは、私たちを見ず、天井を見つめたままだったが、しばらくすると語りはじめた。Aさんの語りから光景や状況が目に浮かび、現場の凄まじさに驚くばかりであった。私は、Aさんの体験した世界を感じたり、救援者としてAさんの体調を観察したり、行きつ戻りつしている状況であった。

Aさんに見つめられ、どこから来たのかと問われた時、私は少し安堵した。現実に注意が向いたと感じたからである。Aさんは、自身に起こった衝撃的な経験と息子を喪失したかもしれないという思いに苛まれている状況だった。ほんの少しの時間でも救援者に注意を向けることができたことは、麻痺や離人感から解放されたのではないか。香川県の隊員も加わり「わかめ論争」となった際の誇らしい笑顔に、その場の空気が和んだ。「わかめ論争」は「郷土愛論争」だった。そばにいるケアから、何気ない会話に移るその瞬間を逃さず周りにいる者が気負わず関わる。そのような場面に居合わせ、惨状の経験からふと離れる時を過ごすことも大切なケアだと感じた。私も、Aさんのそばにいることで、看護師である日常を想起し、救援者としてやるべきことを考えることができた。それは、混乱と高揚感の中、慣れない現場での「本来の自分」に戻れる機会だった。そしAさんの語りから、津波被害の大きさを実感した。それは、医療用テントで待つ救援より、地域に出て巡回診療を行った方がよいという判断の根拠となった。嗚咽されていたAさんが「わかめ論争」で笑顔になられたその反応に助けられ、私自身も主体性を取り戻し、相互性を感じた経験だった。Aさんの語りは、惨状の現場に翻弄されそうになった私が、Aさんを通じて災害現場を感じ、救援者として今後何をするべきかを知る機会をもたらした。

入院中の病院が被災し、屋上に避難していたBさん

ヘリで搬送されてきたBさんは、八十歳後半の男性、寝たきり患者だった。I病院に入院中、病院が津波に襲われた。Bさんは、病院の職員によって屋上に避難していたところを発見され救助された。二日間、屋上で過ごしていたとのことだった。氷点下の寒さに耐え、何も食べておらず、低体温と脱水状態だった。Bさんは、寝たきりだったので自分で動くことはできず、おむつをされていた。寒さをしのぐため、ありったけの服を着て濡れた毛布にくるまれていた。Bさんは、搬送後「寒いー。寒いー。二日間でおちょこ一杯分の水しかもらっていない」と大声で怒っていた。私は、

医師の指示で輸液を行った。温めてさしあげたいが、何もなかったため、濡れた毛布に交換した。輸液を行っている間も「はやぐあったかいところに運んでくれー」「まぐらー」「まぐらー」と叫び続けていた。他のチームの救援者が「認知症でしょうか？」と私に問うてきた。私は、訴えておられる内容に間違いはなく認知症の扱いをするべきではないと説明した。二日間、屋上で不安や恐怖を感じて過ごしておられたと思う。苛立つのは当然だと判断した。Ｂさんは私に、「戦後よりひどい、生きていて一番ひどい」と話された。そして「まーぐーらー」と繰り返し叫ばれていた。それは何ですかと問うが同じ返事が返ってくるため、困っていたところ、地元の救急隊員が「枕がないのか？」Ｂさんに問いかけた。Ｂさんはうなずいた。Ｂさんは愛用していた枕をなくしたことを話された。Ｂさんの病室は三階だった。突然津波が侵入してきたため、なにも持たず屋上に運んでもらったとのことだった。大切に使っていた枕がないことは寝たきり患者さんにとってはつらいことだと察した。そして方言を理解できず、認知症ではないかと判断されそうになったＢさんに申し訳ないと思った。

Ｂさんの語りは何をもたらしたのか

高齢者の方は、豊かな人生経験から得た知識がある。その知識が地域の若者のよりどころとなる。新潟中越地震の時も、高齢者の方が戦後を乗り越えたのだから大丈夫と言っておられた。戦後を生き抜いた経験を強みとして災害に見舞われた現実に向き合われていた。しかし、「戦後よりひどい」と表現されたＢさんの体験は、脅威を表していた。そして私も安全だと思っていた病院が被害を受け、避難をしている現状に驚き、津波の脅威を感じた。病院避難はよほどの被害がない限りあり得ないと学んだが、現実に起こっていた。改めて被害の大きさを感じ、苦しむ多くの人の命をつなぐために、地域を巡回診療したいと思った。また、Bさんは、枕を失ったことを何度も訴えていた。医療テント内の救援者たちは、言葉の理解ができなかった。文字で表すと「まーぐーらー」だが、耳に届いてきた言葉は、独特のイントネーションで濁音の多い言葉だった上に、叫んでおられたため認知症ではないかという印象を持たれてしまった。

災害は、どこで起こるかわからない。救援者は、その土地の文化や方言を理解する準備ができていない。そのことをわきまえているか否かで、間違った判断をしてしまう恐れがあることを念頭に置き、被災者から地域の文化や情報を得ている。そして、高齢者の方が描く現場の語りは、歴史を踏まえた被害の大きさを感じることができることを学んだ。

避難所で一人で活動していた地元の訪問看護師Cさん

活動二日目に巡回診療に向かった。海辺の小学校の体育館を訪問した。体育館は電気がなく、寒くて暗かった。床は濡れており海水のにおいがしていたが避難所になっていた。私たちは避難所のリーダーの方に挨拶をした。そして、被災者の皆さんに大声で自己紹介と挨拶をして診療を始めた。私とX隊員、医師と三人で百人強の被災者を診なければならなかった。私は、歩ける人を一箇所に誘導し、X隊員に対応を任せた。そして、私と医師は歩けない人を診て回った。想像以上に歩けない人が多く、すべて対応できるか不安だった。その時Cさんが「協力します」と声をかけてくれた。

Ｃさんは、三十歳代の女性で地域の訪問看護師をしているとのことだった。山手にある自宅は無事だったが、担当している患者がいるこの避難所に滞在して、看護をしているとのことだった。「担当する患者さんで気になる人が沢山いるのですが、まだ半分も出会えていないんです」とまわりを見渡しながら話された。Ｃさんの協力もあり、二時間ほどで診療が終わった。私は医師と共にＣさんにお礼を言った。Ｃさんは「役に立ててよかったです」と避難スペースにもどられた。Ｃさんは、小さな赤ちゃんを連れていた。私はしまったと後悔した。Ｃさんも被災者であるのに協力者としか見ていなかった。小さな赤ちゃんを近くにいる人に預けておられたことに気づけなかった。私は、Ｃさんに配慮がたりなかったことをお詫びした。そしてＣさん親子の体調が気になった。体育館は暖房もなく窓ガラスも割れていた。何度も余震があり、そのたびに悲鳴を上げる人もいた。私はＣさんに、「赤ちゃんにとっては良い環境ではないですね」と言ったが、Ｃさんは「担当患者の安否確認のためにもこの場に留まりたいのです」と話された。旦那さまも無事で職場で寝泊まりしているとのことだった。私は「どうか無理はなされませんように」と伝えた。Ｃさんは笑顔でうなずかれた。そのやり取りを見ていたX隊員は「僕はＣさんのようにはできません。たった一人でなんて」と何度も私に言い、その志に驚いていた。

Ｃさんの語りは何をもたらしていたのか

救援者は自己完結でどのような現場にも対応しなければならない。Ｃさんから協力したいと申し出があった時、被災者なので休んでいてくださいと断る選択肢もあった。しかし、劣悪な環境と多数の被災者がいる避難所では、一人でも多くの協力者がいなければ対応は困難だと判断した。また、Bさんの時のように方言がわからず診療の質が落ちることだけは避けたかった。被災者の中から出現した協力者との出会いは、私とX隊員にとって驚きであり嬉しくもあった。結果、Cさんの協力で診療が速く進み、方言の意味も教えてくださったことでコミュニケーションに困ることがなかった。

救援者は、日々訓練を繰り返し鍛錬し、救援者のスキルで被災者を助ける方法論を学ぶ。その強さに憧れて志望する者も多い。しかし、現実はどうなのか。現場の惨状に圧倒され、混乱し、足がすくむのが本音である。そのような時にCさんに出会い、その勇気と職業意識に感動した。そして、他の被災者を守ろうとされる愛他心に触れ、被災者は弱者ではなく、多様であることを知った。Cさんの行動は、救援者を含む周囲の人々に安心感を与えていた。そしてCさんとの協働は、看護の技が、時・場所・立場を超えて普遍であり、力を合わせることで、個々のスキルを超えた有益な効率を生むことを実感させた。Cさんとの出会いから、被災者は多様であるということと、支援する側と支援される側を超えた頼り合う相互性によって力づけられる関係になるという学びを得た。

被災者と救援者の「あいだ」を読み解く

被災者との出会いと語りから、私が救援者として得たことを論じる過程において、被災者と救援者の「あいだ」の関係性について探求が及ぶ。「あいだ」という表現は、中村（二〇一五）の文献に由来する。援助する側とされる側の二項対立に終始せずその「あいだ」を解きほぐし、再構築することで共有できる学び、そして問いを問う知、問題解決型の知の重要性を示している。私は、惨状においてなぜ苦難を乗り越えることができたのかを探求していた。Ｘ隊員の純粋な反応は、単に経験知の違いであるとは思えなかった。二人の反応の違いは、被災者に注意を向け、その関係性から救援活動を編み出していく行為が実践できたか否かということになる。すべての行為の実践は、看護の基本から得た被災者の語りや反応が中心にあった。私自身への問いから始まった探求は、救援者そのものの質ではなく、被災者との出会いを、相互に力づけ合う関係に置き換えることができているか否かということになる。渥美（二〇一一）は、災害救援は被災者と一体となった活動であり、災害救援に参加する諸組織・個人が全体の「間」を考慮しながら活動する必要があり、自他の活動を理解しながら即興が行われている場全体も同時に理解することの重要性を示している。被災者との出会いと語りからその地の文化を知り、情報や手がかりを摑み、全体像を描き即興を作り出す。即興は災害現場で展開した行為の実践に一致する。被災者と救援者の「あいだ」には、お互いできることをする相互性がある。被災者と救援者は、共に救援を編み出すことで困難を乗り越えていくことができる。

救援を編み出す過程で、援助する側にもされる側にもなりうる両極性を感じたのは、お互いに協働した中で得た感覚であり、相互に力づけ合う関係から展開された即興であった。探求した結果、被災者の語りを手掛かりに、共にその地に立っている人間的な出会いを、相互に力づけ合う関係に置き換える関わりが被災者と救援者の「あいだ」にあるというひとつの仮説がみえてくる。東日本・家族応援プロジェクトで得た学びがなければ、私の研究は医療者の視点しか持てない結果となっていたであろう。臨地の人々に思いをはせるだけでなく、再び臨地に立ち、出会いから得たことは「あいだ」を探求する学びだった。そして、私にとって時間を超えた大きな学びであり、「こんなこともあった」で終わらせずに大学院で学んだことに満足できるかけがえのない経験となった。

四　コロナ禍の今

コロナ禍での任務

現在、看護師長をする傍ら、DMATとして県庁COVID－19コントロールセンター（以下、CCという）にて災害コーディネーターを兼務している。CCの目的は、滋賀県の七圏域の二次医療圏単位では対応困難である感染症拡大に対して、医療圏を越えた全県下での感染者と医療機関等とのマッチングや搬送等の調整業務全般の調整である。災害コーディネーターは災害拠点病院のDMAT隊員で構成されており、医師、看護師、薬剤師、放射線技師、臨床工学士、理学療法士、事務など約三十三人の十施設に所属するメンバーで対応している。陽性となった患者に保健所が聴き取りを行った後、CCが電話で患者と話し、呼吸状態などの体調やリスクを判断して入院調整や搬送調整を行っている。一日の対応患者数は多い日で二百件を超え、第六波では一千人以上となった。また、宿泊療養施設や軽症対応の病院から重症病院への転院調整依頼もあり、一日十件前後の転院搬送調整となることもある。CCのミッションは自宅死亡例を防ぐことと、迅速かつ安全に県全域の入院調整をすることである。早朝から夜中に及ぶことも多く、メンバーは日常の職務も兼ねて激務が続いている。各圏域の保健所から次々に送られてくる発生届に目を通し、重症の方から優先順位をつけて、本人に聴き取りをし、状態を判断して入院調整を行っていく。患者本人や受け入れを依頼する病院の担当者から厳しい言葉を受けることもあり、ストレスは大きい。しかし、患者の命を守るため、メンバー一同協力して日々取り組んでいる。今まで経験したことのない災害対応であり、患者には直接対面せず、電話での聞き取りだけで重症度を判断する「電話トリアージ」という救援は経験がなく、難しさを感じている。訴えている自覚症状や既往歴、喫煙歴や肥満度などあらゆる情報から総合的に判断する。聴き取りの過程で、相手の息使いに耳を澄ませ、様子がおかしいことを察知することもある。また、独居の方や外国籍の方、複雑な家族背景の方も多く、個々の問題を理解した上での調整となり、難渋するケースも多くみられる。

ＣＣのメンバーは、日常は自施設でコロナ患者を受け入れている。電話での聴き取りでは安定されていた印象であっても、実際は画像診断でびまん性の肺炎像があり、受け入れる側に立った時、凍りつく思いをしたこともしばしばだった。そして、急激に重症化した方々を多く見てきた。それだけに入院調整は慎重にしなければならないと痛感している。

逃げられない災害

今までの災害救援との違いは、世界中で起こっている現象であり、逃げられないことである。そして、感染が判明したと同時に隔離が必要となり、突然自由が奪われる。患者は、保健所や職場などからの多数の連絡を受け、聴き取り調査に時間を奪われる。病状の不安を抱えながら自分自身が感染を広げたかもしれないことに対する申し訳なさや、感染に至るまでの行動を悔いる思いに揺さぶられながら、療養先の決定を知らされる。受け入れ施設においては、感染者数の増化に追いつけず、ベッドが確保されていても受け入れ態勢が整うまでに時間を要して難渋した。そのことがさらに患者の不安を煽ることとなった。また、やっと療養先が決定しても、感染対策用に養生した車の準備には限界があり、搬送に難渋した。現在は県職員の組織的な働きかけもあり、発足当初の問題も解決しつつある。

私の感覚ではあるが、地震災害と比較しての共通点は、①命の不安　②重症患者優先　③ペット問題　④高齢者、単身者、外国籍者支援　⑤医療関係者の使命感であり、違いは、①療養先決定に難渋する　②感染者の罪悪感　③被災地が限局されていない（逃げられない）こと　④直接接することができないジレンマ　⑤感染の急激な増加と減少を繰り返す波があり、予測できない対応に追われるという印象を受ける。コロナ患者の反応は様々で、第二波、三波の際は、恐怖で不安を訴えたり、職場に申し訳ないと泣いているケースも多くみられた。第四波以後は、同様の方もおられるが、「感染して何が悪い、生きるために店をやって何が悪い」や「大丈夫なんで、生活がかかっているので自宅療養がいいです。自宅で仕事します」など、人々の反応が変化している。時を経て、様相は変化しても、見えないウイルスに対し、患者も救援者も同じ不安を抱えていることに変わりはない、長く続く日々の中で「できることをやる」しかないのだと感じている。

患者と救援者のあいだを読み解く——大学院の学びから

「救援を編み出す過程で、援助する側にもされる側にもなりうる両極性を感じたのは、お互いに協働した中で得た感覚であり、相互に力づけ合う関係から展開された即興であった。探求した結果、被災者の語りを手掛かりに、共にその地に立っている人間的な出会いを、相互に力づけ合う関係に置き換える関わりが被災者と救援者の『あいだ』にあるというひとつの仮説がみえてくる」と私が論じた点について、ＣＯＶＩＤ‐19対応においても同様なのか否かを考察する。

任務の中で印象的だったケースを示す。

Ｄさんは四十歳代男性、八十歳代の父親と母親との三人暮らしだった。母は感染が判明し、すでに入院していた。父とＤさんは濃厚接触者として行政の検査を受け、陽性が判明した。保健所からの発生届では無症状ということだったので、Ｄさんから父親の状態を中心に電話で聴き取りを行っていた。途中で、Ｄさんの息使いが荒くなっているのではと感じた。本人に聞くと「別に大丈夫ですが」とのことだったが、言葉を発した後に息があがるような印象を受けた。そこで、聴き取りの最中ではあるが、他のメンバーに車と病院の手配を依頼し、Ｄさんとの電話は切らずに話をゆっくり聞きながら、救急車が迎えに行くのですぐに入院する準備をしながら、父親と共に車に乗りましょうと話し、救急車が到着するまで様子をみた。受け入れ病院にも、急変する可能性のある患者であることを伝えた。結果、父親の心配ばかりしておられたＤさんは、病院到着直後に呼吸困難となり、気管内挿管され人工呼吸器管理となった。後日回復され、退院されたと聞き、安堵したとともに、コロナの怖さを感じた。

Eさんは二十歳代男性、家族経営の工場で勤務しておられ、体調不良にて検査を受けたところ陽性が判明、その結果を受けて自主的に自宅の倉庫に隔離状態となっておられた。トイレも食事も家族と接触しないよう工夫されていたが、倉庫は暖房がなくかなり寒い状況だった。「寒くて、家族にも申し訳なくて…」と話された。その日はクリスマスだった。車の手配と療養施設の手配ができたことを電話で伝えると「ほんとに情けないというか、なんというか…。誰にも会えず、メリークリスマスも言ってもらえない日が来るなんて思ってもなかったです」と一言話された。そこで「このような心配な状況で不謹慎かもしれませんが、あの…メリークリスマスです」と話した。Eさんは笑い、「ありがとうございます。顔は見えませんが、元気出ました」と話された。体調が悪い上、一人で倉庫にこもっておられる状況から、寂しく不安な思いをされている様子がうかがえた。電話を通した会話の中で、やり取りの一つひとつを沈黙も含めて大切に関わることは、コロナ禍におけるひとつの支援なのかもしれない。私は、この経験以後、電話を終える際に「お大事になさってください」と気持ちを伝える声を必ず届けるようにしている。

Fさんは外国籍のシングルマザーで、小学校三年生の娘さんと二人暮らしだった。精神疾患を患い、多数の薬剤を内服をされていた。陽性が判明し、娘さんと共に入院調整を始めた。精神疾患については、内服でコントロールできている方は通常の入院調整が可能であった。しかし、現実は難しく、どの施設もことわられてしまった。理由は、娘さんと一緒であること、日本語が不自由であること、精神疾患であることで、管理が難しいとことわられた。最後に中核となっている施設に相談したところ、満床ではあるがなんとかするとの返事をいただいた。無事入院できることとなったが、調整に数時間かかってしまい、Ｆさんに「なぜ時間がかかったの？　あなた何やってたの」と問われた。「家族で入れる部屋を確保するのに時間がかかりました」と説明した。事実ではあるが、他にも悲しい要因があり、申し訳なく思った。ＣＣのメンバーである医師にその思いを話したところ、「断ることのできる災害ですよね。憤りは感じるけど、めげずに調整しつづけましょう。誰にも感謝されない任務ですが、一人でも多くの命を救うためにね」と話された。何のための任務か、患者の安全を第一に考えての任務ではあるが、受け入れ施設が少なかった第三波では、このようなやり取りが日々行われた。

この事例の中に、相互に力づけ合う関係はあるのかということに考えが及ぶ。関わりの手段は電話のみ、入院調整はＣＣから患者に提供できる支援だ。では患者からは何が得られたのか。様々なケースから、ＣＣではリーダーの医師や看護師と県庁職員が中心となって改革が進んでいった。妊婦や小児の受け入れ基準や宿泊療養施設の基準緩和、軽症病床の確保、搬送車の整備など、第三波から次々と整備が進み、第四波を迎える頃にはかなり柔軟な施設受け入れができるようになっていった。また、感染者が急増した第六波では、自宅療養が主となり、重症リスクの高い患者に迅速に対応するケースが昼夜を通して続き、迅速な判断と各機関の協力が必要となった。療養先の決定に難渋していた状況に展望が見い出せたのは、日々の患者からの声だったのではないかと考える。電話での聴き取り件数の数だけ、様々な生活背景があり、困りごとがある。多様性のあるニーズに応えることで療養環境が整っていったのではないかと考える。地震災害の時のような即応できる相互性ではないが、時間がかかる交渉を繰り返すことで、体制が構築されていったのではないか。

援助する側にもされる側にもなりうる相互性については、目には見えないウイルスによってもたらされる不安や恐怖、援助する側が必ずしも安全ではないことは地震災害と同じである。違いは、人と人とのつながりが顔と顔を合わせた出会いではないことだろうか。しかし、どのような状況でもそれぞれができることをやるという姿勢が、地域の中で脅威に立ち向かう相互支援となっていることを実感している。「何ができるか」ではなく「できることをやる」という言葉は、被災を乗り越えた方々から聞き取った言葉でもあった。災害救援のかたちは、時や内容は違っても「できることをやる」という支援のかたちは同じである。そして、その支援は救援する側とされる側の相互性によって作られていくものなのだと言える。これからも様々なかたちで災害は続く。「あいだ」にある相互性に注目し、「できることをやる」。その「できること」の質を深めていくことを日々研鑽していきたい。

ＣＣは県庁危機管理センターの一室にある。壁には感染者名簿と施設一覧が貼られ、机には資料と電話があり、発生届が次々にファックスで送られてきて、電話は鳴りやまない。第六波を迎え、急速な感染拡大に翻弄されながらも電話の向こうに意識を集中してトリアージと療養先の調整を進めている。滋賀県災害拠点病院から参加しているＤＭＡＴの仲間と共に、これまでも、これからも活動を継続していく。一人でも多くの命を支えるために、「できることをやる」日々に終わりはないが、コロナに向き合う人々の言葉に導かれ、回復された人々の言葉に助けられながらの日々を重ねている。

おわりに

災害救援者が臨地から学んだこととは

東日本大震災、そしてＣＯＶＩＤ－19と、救援者として日々の訓練を超えた災害現場を経験した。もちろん現在においても豪雨災害や複合災害等の可能性を常に懸念しながらの日々である。スキルや技を磨くことは重要ではあるが、臨地に立ち、周りを見渡し、耳を澄ませて現場のにおいや雰囲気を感じる。そして、その地の人々の声を聴くことから救援のかたちを作っていくことが重要である。自分の物差しで答えを出すのではなく、人々の声を糧に答えを導き、共に乗り越える、地に足のついた救援を編み出していく。それができるのは救援者だけではなく、臨地の人々と共にあればこそだといえる。村本の示す「土地の力」を感じる。知る。臨地の人々と共に「できることをやる」救援を編み出す。私の大切にしてきた救援のかたちを言葉にすればそうなる。だからこそ、多賀城の人々への思いや愛着が変わらなかったのだということにも気づかされた。『臨地の対人援助学』に出会い、仕事との両立や自分の能力への不安があったが、大学院に挑戦した。何かが明らかになるかもしれないと思い村本のプロジェクトに参加した。暗黙知としていた経験を伝えることができ、救援の迷いや戸惑いを許す学びを得たことは私にとって大きな収穫であった。皆様に感謝するとともに、これからも出会いがもたらす災害救援を実践していきたい。

文献

中村正（二〇一五）「臨地の対人援助学をつくる」村本邦子・中村正・荒木穂積編著『臨地の対人援助学―東日本大震災と復興の物語』晃洋書房

尾上明代（二〇一五）「ドラマをつかった支援から」村本邦子・中村正・荒木穂積編著『臨地の対人援助学―東日本大震災と復興の物語』晃洋書房

渥美公秀（二〇一一）「集団的即興ゲーム」矢守克也・渥美公秀編著『防災・減災の人間科学―いのち支える、現場に寄り添う』新曜社

第八章

「プロジェクトにおける「家族応援」の意味と「お父さん応援セミナー」の取り組み

——日常生活のコミュニケーションにおける男性性ジェンダー作用

中村正

一　大災害と家族生活――パンデミックにおけるステイ・ホームのなかで考える

このプロジェクトは、当初から関係していた教員（大学院教育との関連は景井ほか、二〇一九）が家族臨床をしてきた人たちであったこともあり、一貫して、「東日本・家族応援プロジェクト」をテーマに掲げてきた。まず、プロジェクト名称に「家族応援」を冠したのはどうしてなのかについて記しておきたい。

日本社会では家族の存在感が大きいことは社会制度のうえでも、人々の意識のうえでも自明なことだと思われているが、現代社会ではここが揺らぎはじめている（落合、二〇二一）。たとえばコロナ禍対策のひとつはステイ・ホームだ。過去の大災害の経験から、留まることのできない家族があることを想起すべきだろう。ＤＶや虐待のある家族のことである。家族の誰かがそのホームの維持に今まで以上に負荷のかかる努力をすることになる。家族が密になるので、家庭内暴力問題が増えることが懸念される。『東京都女性相談センター通信』第四十二号（二〇二〇年年九月）に依頼されて書いたレポートの一部が次の文章である。

コロナ禍でステイ・ホームといわれている。仮に、留まりたくない家庭だったらどうすればいいのかという想像力は大切だ。ＤＶ・虐待がある家庭の被害者にそれでも留まれといえるのか。家を出た方がいい家庭もあるし、…すでに避難している人もいる。もちろんＤＶ問題だけではなく一般的にもコロナ対策と家族について考えるべきことは多い。テレワークが推奨され、学校にいけずにオンライン学習となると、ホームは生活まるごと抱え込む。そこをいったい誰がキープするのだろうか。女性依存・妻依存・母依存の様子が目に浮かぶ。ステイ・ホームの新しい生活様式は、古くからある家族主義を強化しただけなのかも知れない。コロナ対策もそうだが、世帯を単位に福祉サービスなどが構成されている。たとえば十万円の特定定額給付金政策がある。…ＤＶや虐待で家族から逃れている女性や子どもは現住所以外に住んでいるはずなのできちんと本人に渡っただろうか。マスクの配布もそうだったが、これらはすべて世帯単位だった。その世帯に暴力などの様々な困難が含まれている人たちはどうだったろうかと考えてみる。…なかでもＤＶや虐待はコロナ禍だから増えたということだが、もともとそこにあった問題が顕在化している面もある。しかし、悪化している面も無視できない。①脆弱さに拍車がかかること、②隠蔽されていた女性の貧困が家庭に閉じ込められるのでより深刻になること等、コロナ禍で家族に閉じ込められていた見えない問題が浮かびあがってきたということだろう。いくつかの社会病理も含めていえばジェンダーをとおして家族に問題を閉じ込めてきたという意味での「家族のダークサイド」が表面化する。

社会生活の困難を家族が支えることは大切だが、家族の多様化時代であることを念頭に置くべきであろう。危機の時期だからこそ家族に過度な負荷がかかり、脆弱さが露わになることがある。DV・虐待問題も顕在化する、あるいは逆に潜在化していくことも想定すべきだろう。被害者が我慢を強いられ、加害者が家庭に今まで以上に滞在する。大災害やパンデミックの際の家族のあり方は、きずなの大合唱とは真逆の意味の危険をはらむ。家族の多様化はますます進行していることを前提にして、家族のきずなだけに依存しない支援が地域へと開かれていく過程がとても重要である。

二　プロジェクトが「家族応援」を掲げた意味

暴力や虐待をなくすことは、家族関係におけるジェンダー平等からみた父親・夫のあり方が変容を求められていることを示す社会課題である。統計から、親密な関係における暴力の加害者であることが多いのは男性たちであることは分かっているので、危機の時期を想定して日常からの脱暴力の取り組みが大切だと考えた。お父さん応援セミナーを計画した背景である。

コロナ禍だけではなく大災害も似た課題を有する。一九九五年阪神淡路大震災、二〇一一年東日本大震災をはじめとして世界各地から大震災後のDV・虐待・性暴力の増加が報告されている（東日本大震災女性支援ネットワーク、二〇一三）。この報告書で「ある女性が仮設住宅での性暴力の被害の体験を語られた。別の女性が『すぐに警察に訴えたの』と聞くと『そこでしか生きていけないときに、誰にそれを語れというのですか』と涙ぐんで答えられたことが忘れられない。」との声が紹介されている。ステイ・ホームという現在のかけ声も同じ苦難を引き起こしているだろう。

家族応援を含んだのは、平常な日常生活のなかから脱暴力を意識した取り組みを実施しておくことで災害時暴力の防災意識になると考えたからだ。家族漫画展をどの地域でもベースにおいた。地域の事情にあわせて家族に関する活動が組まれていった。青森県むつ市では、後述するような男性性ジェンダーに焦点をあてた父親へのアプローチを重視することにした。脱暴力への第一歩となることを願ってである（中村、二〇一九）。DV・虐待研究の成果を活かし、リスクにつながるおそれのある男性性ジェンダーに焦点をあて、それを反転させ、日常におけるコミュニケーションの省察へと落とし込みながら良好な家族関係を構築する契機となるようにセミナーをしつらえた（中村、二〇一七）。さらに父親たち自身が暴力的でなくなることだけではなく期待したことがある。それは、暴力につながるような男性性ジェンダーを保持している男性の友人や同僚が職場にいれば指摘できるようにすること、息子を育てる過程に脱暴力指導を組み込むことなどである。これは父親の責任である。こうしたことを背景にして家族システムにおける父親の役割に焦点をあてたお父さん応援セミナーに取り組んできた。

追記しておくと、私はお父さん応援セミナーとは別にプロジェクトでは支援者支援セミナーにも取り組んできた。青森県むつ市での支援者支援セミナーは、①ジェノグラムワーク（家族関係図を用いた家族理解の手法）、②インシデント・プロセス法（出来事の経過に含まれる問題をエピソード化して理解する手法）、③エコマッピング（社会関係を図式化していく手法）、④小グループでの社会的役割の体験法などをもとにしたグループワークによる参加型の取り組みであり、地元の子育てに関する諸機関・団体と開催してきた。その経過については詳しく書いてきた（村本ほか、二〇一五、中村、二〇二〇b）。

三　父親・息子・夫の視点を強調する意味

虐待は親子間の問題であるが、面前DVを伴うことが多い。DVは夫婦や男女の問題であり、パートナーシップのあり方が問われる。パートナーシップが良好でないと虐待から離脱するための再統合は難しい。たとえば夫の暴力で子どもが保護された妻の立場を想定してみる。よくあることだが、「これは虐待ではなく警察や児童相談所がやりすぎであり、お前も一緒に抗議すべきだ」という夫による妻の「巻き込み」がある。妻のつらさを斟酌しない。このやり方自体が強引であり、家族を破壊していることへの反省がない。しかし制度的に、児童相談所の介入・支援においてDV問題は主題になりにくい。そこで、家族システムを対象にして見立てると、父親のパワーとコントロールの強さに対応したアプローチを組み込む必要があると考え、十五年程前から、関西の児童相談所と連携して男親塾という虐待父親向けのグループワークを実施してきた。

男親塾は、男性性ジェンダー論と家族システム論（家族を関係性の束として考えるアプローチ）に基づいた介入後支援である（中村、二〇一六a、二〇一六b、二〇二〇a）。グループワークと個別相談を組んでいる。児童虐待防止法にいう親子再統合事業の一環であり、児童相談所のケースワークのなかに位置づけている。父親たちは親子分離という介入後の再統合事業に参加するので、それは一つのストレングス（長所）でもある。参加命令制度がないにもかかわらず来ているからである。大学の研究プロジェクトによる外部からの取り組みなので、児童福祉の枠内でＤＶ問題を明確にしてパートナーシップ課題を扱うこともできる。

暴力を対象にしているので「更生」的な面がある。そこで父親たちが関与しやすいように問題解決型アプローチを重視している。なかでも男性性ジェンダー作用を意識する取り組みにしている。家父長制を支えるジェンダー秩序がつくり出した男性優位社会は、身体的な虐待・暴力という明白な社会病理ではなく、そこにいたるコミュニケーション・相互作用の営み方のなかに、見えにくいコントロールを埋め込む。親密な関係における非対称性をもとにした作用であり、それ自体が直ちに暴力とはいえない関係性の力学をつくりだす。院生らと訳出した研究書の主要概念である「日常生活に埋め込まれたマイクロ・アグレッション」の議論を参照している（スー、二〇二二）。

家父長制のもと、ジェンダー秩序は集団としての男性を支配的な位置におく。もちろん男性集団内部での差異と格差も形成され、周縁化された位置にある男性、社会的に排除される男性もいる。しかし男性という属性だけで多数派となる。多数派であるがゆえに男性特権が生じる。特に、意識や態度の面での男性特権が男性性ジェンダーに付随して遍在している。それは、ジェンダー秩序をささえるミソジニー（女性嫌悪の意識や態度とされることが多い。マン、二〇一九）として半ば無意識に、しかも女性にも共有されるかたちで存在している。ミソジニー的な態度と意識は男性のコミュニケーションや相互作用についてまわる。例として、「説教する男性（マンスプレイニングという造語があるソルニット、二〇一八、二〇二二）」、「主語がない（男性が「わたしたち」という主語を使いたがる）」（中村、二〇二二）、「男性的なまなざし（女性を性化し、モノ化する）」「女性によるケアへの依存」、「いやよいやよも好きのうち＝性暴力を支える都合のよい考え方（No means Yes）」などが例示できる。この次元へと焦点をあてることで男性特権の中心にあるものを対象化することができる。身体的暴力、しかも事件となって報道されるような虐待やＤＶではなく、男性特権は対人関係という日常生活のなかによくあらわれる。

こうして家族という日常生活から脱暴力を志向することの意義は大きいと考え、お父さん応援セミナーの内容を組み立ててきた。親密な関係性のなかから生成する平等と位置づけている。

この文脈は、ラテンアメリカの男性性ジェンダー研究において指摘されている「マイクロ・マチズモ（相互作用過程に含まれる男らしさの誇示）」にヒントを得て、日常生活に埋め込まれた男性優位的なコミュニケーションと相互作用の仕方を取り出してきたものである。できることの歩みは小さいが、日常生活からの変化は確実にすべきであるし、誰にでもできるジェンダー平等の取り組みだからである。これを「マイクロ・アクション micro-action（自分ごととして実行できる範囲の小さな歩み）」と位置づけた。マイクロ・アグレッション（微細な人格の攻撃）を乗り越えようとする意味を込めた言葉である。

これは保健所（京都）を通じて地域住民向けに実践してきた「父親教室」の体験に基づいている。日常生活のなかで習慣化された男性性ジェンダーによる振る舞いや思考に気づく取り組みである。感情表出の仕方も規定する男性優位社会でつくられる虚構としての「強さ」を扱う。肉体的に力の弱い者に向かう暴力は、弱い者・被害者がいなくては行使できない。そうした対象者を選んでいることになり、力の弱い者に依存しているというジレンマをかかえる。つまりその「強さ」は脆いということだ。加害者は脆く、その脆さを抱える虚構としての「強さ」である。だから加害者の苦悩は相当に深刻なはずだ。とはいえそうした事態にあることへの気づきは弱い。他者へのケア力も削がれているので、こうした根本的な脆さを抱える自己をケアできない。

暴力を振るい加害へといたることを心理的な脆弱性と位置づけたのは、そこからの脱暴力、つまり回復へのアプローチを根拠づけたいからだ。これが明確にならないと子ども虐待における保護者支援やＤＶにおける加害者対応が奏功しない。また身体的な暴力以前の状況を対象にするので、それは男性性ジェンダーがリスクとならないようにする支援的で予防的なアプローチである。ある特定の男性性ジェンダーは親密な関係において対人暴力のリスクをはらむことが分かっているので（中村、二〇一七）、そのことを題材にしたコミュニケーションと相互作用を学び直す場としてお父さん応援セミナーを位置づけた。

蛇足ながら追記すれば、お父さん応援セミナーや男親塾の内容は、私のケア体験にも基づいている。ジェンダー秩序は、誰がケアし、誰がされるのかという非対称性の基本線（分裂線でもあり協働線でもある）を浮かびあがらせる。私の、父親としての育児体験、息子としての介護者経験、そして事実婚生活をするパートナーとのケアをめぐる葛藤を含んだ生活体験がたくさんある。男性性ジェンダーはケアといかに折り合うことが出来るかがお父さん応援セミナーの問いである。

四　お父さん応援セミナーの経過とその意味

お父さん応援セミナーの位置づけ─男性性ジェンダー論の見地から

では、ケアの領域で男性性ジェンダー問題はどう位置付くのか。男性問題を「ケア力の剝奪」の視点から研究してきた。セミナーでは夫婦・男女のパートナーシップの課題に焦点を当てた。家族システムにおける父親・夫・息子の位置を念頭においてのことである。

家族応援は、地域での子育て支援ネットワーク化と不可分である。これは先に紹介した支援者支援セミナーで実施してきたことである。危機の時期の生活再建を家族同士のつながりだけに矮小化しないような相互作用システムの存在が大切だ。地域のネットワーク力が強くなるようにしたいと考えた。家族が宿すリスクの、特に暴力にいたる男性性の特性に焦点をあて、それを減じていく機会をつくり出したかった。男親塾の取り組みは事後的対応なので、事前のアプローチとして男性性ジェンダーや父親役割を再考するためのコミュニティ・アプローチとした。身体的な暴力や虐待はなく、「健康」に機能している家族のなかの父親に焦点をあて、日常から問題解決力を高めていくことが危機の時期にも奏功すると考えてのことである。

家族システムとしては、夫婦というサブシステム（さらに分割された関係性）、父子というサブシステムが機能している。家族のなかの男性は家父長制家族の社会システムでは権力性をもつ位置にいる。さらに身体的な力の差が加わる。ジェンダー作用が日常の意識と態度にあらわれる。これらが交差して暴力性の土台となる。この暴力性が現実化するおそれもあるので、そのことを意識したお父さん応援セミナーにした。以下はこの記録である。

父子の感情的な交流から

男性は家族領域でケアに使う時間が少ない。育児時間が少ないことや家族外のコミュニケーションの仕方を家族関係に持ち込むこともある。まずは情緒的な関わりをめざして青森県むつ市立図書館で「父と子の絵本の読み聞かせワークショップ」を実施した。図書館には育児にちょうどよい絵本がそろっている。私も絵本のそろった地域の図書館によく通った。秋の気配を感じる九月の土曜の朝の時間、父子で参加者を募った。会社勤めをしている父親に土曜の朝は参加しやすいと考えた。お父さん応援セミナーでは、「パパも子育てすべきだ」という無粋なことは考えていない。子育てをすべき論として語るのはあまり意味がない。楽しい子育てをする小さなアイディアを伝えたい。感情を言葉にしていくことの大切さを伝えるための「感情の知性」の話をして、まずは気分ほぐしから。いくつかのゲーム風のワーク。「ことば、からだ、かかわりの関係」を深めるためのものだ。はじめての父親たちの出会いをうまくすすめるためのウォーミングアップである。まずは言葉イメージ練習だ。

一つ目のお題は「あめがふる」。まず誰かが「あめがふる」という。次々と輪になった父親にまわしていく。「しとしと」、「ジャージャー」、「ごうごう」、「ぽとぽと」と。「わんさわんさ」というのもあった。「ばしゃー」、「さらさら」、「ぴちぴち」、「どんどん」、「ごーごー」と続く。たんなる言葉遊びだが、体験と重ねて気持ちがこもる音もある。子どもとの音遊びにもってこいだ。まだ続く。二つ目のお題は「ひとが歩く」。同じように続ける。「てくてく」、「ぶらぶら」、「さくさく」、「ぽとぽと」、「のしのし」と歩く様子を音でつないでいく。「ああいそがしいそがし」、「おそるおそる」、「どんどん」とでてくる。もっと情景を含めて、「てをつなぎ」、「足をとられ」、「柵を越え」、「海をこえ」とも広がる。できれば仕草もつけながら。

この遊びは絵本の世界に入るためだ。絵本によくでてくる言葉だから。楽しく子どもとシンクロするための「のり」が大切だ。滑舌もよくなる。

続いて「かっぱ」という谷川俊太郎の詩（『ことばあそびうた』福音館書店）を読む。

かっぱかっぱらったかっぱらっぱかっぱらった
とってちってた　かっぱなっぱかった
かっぱなっぱいっぱかったかってきってくった

これはどう読んだらいいのかというゲームだ。正しい読み方は、次のよう。でも楽しめればいいので、正解を探すことが目的ではない。

かっぱ／かっぱらった／かっぱ／らっぱ／かっぱらった／とって／ちってた
かっぱ／なっぱかった／かっぱ／なっぱ／いっぱかった／かって／きってくった

とにかく初めて出会う父親たち。ワークをしながらうちとけあいが一気にすすむ。三十歳前半くらいまでの若い父親たちが多いからのりはいい。

就学前の子どもとパパが五組、参加してくれた。父親が読みきかせた方がいいとセレクトした絵本を紹介した。エリック・カールの仕掛け絵本、『パパ、お月様とって』（偕成社）を紹介。父親の気持ちが雄大になる。頼もしく思われているので、そう子どもに言われたら、「よっしゃ！」となる。他には、佐野洋子の『一〇〇万回生きたねこ』（講談社）、田島征彦の『じごくのそうべい』（童心社）を読み合わせた。宮西達也の「ティラノサウルス」（ポプラ社）シリーズも。『おまえうまそうだな』、『おれはティラノサウルスだ』、『きみはほんとうにステキだね』、『あなたをずっとあいしてる』などの人気絵本だ。『おまえうまそうだな』という絵本のタイトルを大きな声で読むだけでも子どもたちは大騒ぎ。

『パパ、お月様とって』と『一〇〇万回生きたねこ』を、ゆっくりと、感情を込めて朗読した。さらに父子で参加してもらっていたので子どもたちを招き入れ、父親たちの番。すきなところに陣取ってパパと子どもたちの絵本タイムだ。おとなしく父親にだかれている子ども、絵本を指さしながら別の話へとひろがっていく子ども、神妙な顔つきで話に食い入る子ども、いろんな輝きがあり、コミュニケーションする父親の表情は柔らかい。

最後に今日の気づきの時間。セレクトした絵本は父親と子どもの交流を描いたものが中心だ。父親が読んでも面白いと思える、男性性を解きほぐしていく話題の絵本ばかりを持参したので、いい絵本に出会えたと異口同音に語る。父親が読んで元気になる絵本ばかりなので、自らも元気になるはずだ。

コミュニケーション教室風に——気持ちを言葉にしてみる

「お父さんのコミュニケーション教室―パパ素敵！　にします」と題した二年目。二〇一二年から働くお父さんが参加しやすく土日は休めるようにと金曜の夜に開催にした。お父さんのためのコミュニケーション教室だ。「子育て中のお父さんが元気になるお話が満載で、お父さんに元気と勇気をもたらす千載一遇のチャンスです」とやや大げさに宣伝した。その効果もあって十八名のお父さんが参加してくださった。この回は、父子ではなくお父さんのみにした。婚活中の未来のお父さんや孫のいるおじいさん世代まで幅広い年齢の男性たちだった。日頃思っていることや、どこかにぶつけたいこと、そして、妻には言えないことも、一緒に語りませんかと呼びかけた。普段あまりしないようなコミュニケーションの練習をいくつか用意した。

気持ちを伝えるコミュニケーションだ。「気分や感情は言わなきゃ伝わらない」という視点からの伝え合いの練習である。「気持ちいいな、ちょっと怒っている、それはとても悲しい、こんなうれしいことがあった」と事実とともに伝えることが大切なのでそのためのコミュニケーション・トレーニング。たとえば黙って肩をもむのとおしゃべりしながらそこがいいと気持ちを語りながら肩をもむワーク。後者の方があきらかに気持ちがいい。同じ時間でもあっという間に過ぎていく。黙ってもみ合うことがいかに苦痛の時間なのか、加減もわからない。自分のペースでやるしかない。

会話がないと自己中心となることを実感する。気持ちを伝え合う「レポート・トークとラポート・トーク」の練習だと説明する。こうしたワークを男性同士でやることに意味がある。するとお父さんたちもじつによく話す。家に帰って家族でやってみることを提案。帰り際のお父さんたち、別の部屋で子どもたちがパンを焼く調理実習をしていたので、終わって合流し、しなやかに会話がはずんでいる様子だった。

コミュニケーション改善への動機づけ

二〇一三年のお父さん応援セミナーは二十人の父親が参加した。むつ市の中央公民館。今年から地元の学校のＰＴＡが宣伝をしてくれた。思春期の子どもの課題が多いのか、中学生の親が多い。参加者の年齢は少々上がり、管理職が増え、部下を使う身となっている父親もいる。校長先生も参加してくださった。つながりで動員されてきた父親たちが今回は多いようで、漠然とした参加の動機である。あいつにいわれたから参加してみたという義理のつきあい。動機はあまりない。もちろん自発的に関心を持ってこられた父親もいるが、こうした縁故参加の方々の自発性を高め、意図した目的へともっていく進行役の役割が大きい。動機が低い分、アプローチはしやすい。動機づけ面接法に学ぶグループワークのやり方を工夫する。管理職者が多かったので、ひとつひとつのアクティビティに必ず理屈っぽく定義を与えることにした。男性のシステム的な思考に合わせた。

最近の嬉しいことを思い出し相手に伝える練習をした。嬉しいことなのでプライベートなことが多くなる。伝える相手も面前にいるので親しみがこもる。この時の会話の主語は「わたし」となるはずだ。すると述語は肯定的に終わることとなる。これを「わたしメッセージ」や「アサーションコミュニケーション」と題して覚えてもらう。相手に指示したり、命令したり、叱りつけたりする場合は「お前は」という形態の「あなたメッセージ」になることを体験する。こうしたコミュニケーションワークをいくつか実施した。

いつもは男性のみとしているが最後のシェアリングの際に女性に加わってもらった。男性たちの変化の具合をみてエールを送ってもらいたかったからである。男性たちは会社の人間関係でも役立ちそうだと語った。受付として協力していただいた女性が感想を述べてくれた。何のセミナーかわからずに怪訝そうな顔つきをしていたお父さんたちが最後には感謝の笑顔で握手をして別れを惜しむ姿が印象的だったと。

自らの育ちのなかの父性を振り返る

二〇一四年のお父さん応援セミナー、もう四回目だ。三十人が参加。リピーターは十人だ。この種のセミナーに来るのだから、何かしら父子関係にテーマを感じている男性たちである。自己紹介を兼ねて聞いてみた。自分のお父さんとの関係があまりよくないと思っている人がどのくらいいるのかと。三分の一くらいはうまくいっていないと語る。その原因は、厳しいしつけや暴力だったという。年配の方からは父が海軍に入っていたので近寄りがたかったと話してくれた。もう他界した親父は寡黙だったのでもっと話がしたかったという男性もいた。感情面での交流が少なかったという。自分の子どもとの関係を意識してお父さん応援セミナーに来てくださっているので自分の父親とはまた異なる関係を結びたいのだが、どうすればよいのか思案しているという。

まずは自分の父子体験を見つめ直すこととした。参加者の三分の二は自らの父子関係は良かったと思っているので、それはどういう意味なのかと話し合い、言葉にしながら、この二種類の男性たちが相互に学びあう対話を試みた。二十代から六十代までの、仕事も多様な男性たちの偶然の集まりなので、豊かな男性の出会いができるはずだ。父子のような年齢となるようにペアをつくり対話のロールプレイ（役割演技）を試みた。

途中で男性性ジェンダーという堅い言葉も紹介する。むつの男たちはグループワークを楽しんでいる。アルコールもなく、ただ純粋に出会いを楽しんでいる。結びつけているのは男性であるという一点。男性同士の親しいつながり方を体験する。利害のない、競争もない、背景も知らない、多様な世代と経験をもつ男たちが、純粋に会話を弾ませる。もちろん、暴力を振るわないことや子どもを育てる責任のことも男親塾の取り組みから語る。家族をめぐる暴力事件が多いのでお父さん応援セミナーが社会病理を背景にしていることも伝える。息子を育てている者として未来を案じ、男親の責任を感じる気持ちにも刺激を与える。少しだけどきちんとした社会病理の解決を意図したグループワークなのだとの理解がすすむ。

暴力につながる男性性ジェンダーを意識する――男らしさのステレオタイプ（画一的思考）

二〇一五年のお父さん応援セミナーは五回目だ。リピーターは半数程。四回目という方もいる。どちらかというと自発的ではないお父さんたちもいる。だいたい、セミナーとは何をするのかまったくわからずにやってくる。動機はどうであれ、男性として生きてきた経過はあるので、その過程に注目して社会的な課題を探る。個人の体験に根ざしつつ、共通した男性性ジェンダー体験を探る。息子、夫、父親、祖父と男性は生涯かけて男性性の位置や立場を変容させていく。人生の諸段落にそくして男性としてのジェンダー体験を言葉にして振り返る。

今回焦点をあてたのは、男性の生き方に宿る男らしさのステレオタイプについてだ。とくに暴力と攻撃性とリーダーシップが混同されている様子もあり、しつけにしても体罰を用いてまできちんと育てるべきだとか、いじめたらいじめかえせばいいという父親の指導もまかりとおっている面があり、社会的にもまだまだ合意が必要な、暴力を肯定する文化があることを指摘した。その上で、「みなさんはそんなことはないと思うが、上の世代や友人たちにはそうした人たちもいるのに、みなさんはどうして非暴力であることが可能なのですか」と問いかけた。

男性たちは改めて自己の来し方を考えた。この点をきちんと言葉にしていくことで、そうではない選択をしている人（つまり暴力に頼って生きている人）に対案を示すことができると考えての質問だった。多くの人は規範を保持しているので暴力を用いて何かを強いることは良くないことだと考えているのだが、男性の人生からするとその脱暴力の選択はとても大切なことだったはずなので思い出して欲しいと話す。しかしなかなかその言葉がでてこない。大半は親父が範を示していたようで、暴力を使わずにしつけをしていたという。でもなかには反面教師だったという人もいた。どのようにして暴力的ではないコミュニケーションの仕方を学んだのかは男性の人生を脱暴力へと分岐させる過程の研究として重視している。

印象的だったのが、危険な仕事を担当することもある大きな企業の相談室の臨床心理士の話だ。「不適切指導」という言葉があり、暴力や体罰を用いて指導をしてはいけないということになっている。しかしではどうすればよいのかと悩む管理職たちが多く、心理職としてのアドバイスが要請されるという。確かに危険が伴い組織的な行動が要請される作業の現場での指導には行動や言葉に厳しさがつきまとう。攻撃性が出やすくなるので要注意な局面だ。暴力にならないような指導性やリーダー性の涵養がテーマだとグループで討論をしていた。即座に答えがでるわけではない、心地よい指導だったと思える体験や厳しい指導でも受け入れた場合の事などを話しあう。本気でこうしたことを話題にできたことにみなさん満足げだった。

「言葉、配慮（ケア）、コミュニケーション」を重視して相手を尊敬するかどうかがカギだということを話した。厳しい指導の前に、関係性がどうなっているのかが大切だから。非暴力で、コミュニケーションもでき、相手への配慮についても自分はできていると思っていたが、妻との関係では必ずしもそうではなかったし、自分の息子にはコミュニケーションと称して説教し、子ども相手に論破してしまっていた自分に気づいたと感想を述べた方がいた。暴力、攻撃性、指導性、リーダーシップは紙一重で男性性や父性や管理職者の役割と重なる。男性性ジェンダーの理解としてはこうした気づきがまずは大事だ。

参加者の感想をいくつか紹介する。「自分は敬意を払われたい人になっているのか？　と改めて考える時間になりました」（四十代）。「ちがう仕事の方と最後に肩を揉みながら、いい話ができてうれしかったです。妻のありがたさや人の攻撃性と生きていく力について考えさせられました。堅苦しい雰囲気で進むのかと思いこの会にのぞんだが、なごやかな感じで行えてよかった。父との関係はあんがい悪いものではないと思えた」(二十代)。「ふだんできない話ができてよかったです。自分と妻や父母、周囲の人たちとの関係を考えるよい機会となりました。参加された方と様々な形でコミュニケーションがとれて、とても楽しい時間でした」(四十代)。

父親には難しい「無条件の肯定」

二〇一六年のお父さん応援セミナー。三十八名の方が参加してくださった。今年は「条件つき愛情」となりがちな親のあり方に対比して、少々難しい「無条件の肯定」についてのコミュニケーションと思考の訓練だ。いつものようにからだほぐしと気持ちトーク。「あとだし負けジャンケン」の練習もする。文字通り、後に出して負けるというゲームだ。後に出しても勝ってしまう。最後に、「あいこ」になった時に握手をする。勝ち負けのない平和な握手になり、ホッとする。これは長い習慣としての動作はそう簡単に変えられないことを体験する遊びだ。

さらに上から目線と子ども目線を体験する。二人一組になり、椅子の上に立つ。見下ろされ、見上げる関係になる。そこから指示する言葉をかける。「宿題は?」と。やさしく言っても上から言葉が降り注ぐ気持ちを感じる。

そして、自己肯定感の低い日本の子どもたちについて国際比較統計を示して紹介した。このうちには艱難辛苦を乗り越えて頑張る営みへの賛辞がある。そして褒めることへの誤解がある。条件付きの子どもへの表現が多いことだ。それは何かについてがんばった時、やるべきことが遂行出来た時、それまでできなかったことができるようになった時、何かしらよい結果を出した時に褒める行動となる。こうしたこととは異なる、できなくても努力したことが褒められる。がんばれない時やがんばり方が分からないこと、無理しなくてもよいことがたくさんあることなどを想定し、無条件に愛情を表現する練習をする。いったい何を褒めるのかと問いかけた。子どもが自分でできるようになる条件をつくることが大切なことを理解してもらう。

さらに褒めることが男性的に解釈されるとずれていくことを話した。褒める―褒められる関係には非対称性があることだ。男親塾でもいつも体験することがある。男親塾では虐待のエピソード語りを行う。そこに含まれている虐待につながるような思考に気づく練習をする。首尾よく気づきが進んで進行役の若い心理士が褒める。その時に嬉しい表情をしない父親がたまにいる。若い心理士のスタッフに向かって「あなたは子どもがいるのか?」と聞く。その若い心理士に褒められても嬉しくないと考えている彼は、「私を褒める資格はない」と思っている。そんなに簡単に褒めて欲しくないのは、男子たるもの少しくらいの克己の精神が必要なので褒めることの安売りになるのではないかという思いからだ。そんなに易々と人を褒めるべきではないという考えだ。褒めると怒り出すという奇妙な反応を媒介しているのは彼の男らしさ意識である。しつけと称して子どもを虐待してきた自分を否定することにもなるので易々とは認めない。褒めることが下手なのではなく褒めたくない彼の男性性がある。無条件の肯定とは程遠い自己否定の物語だ。

期待される規範にあてはめ、そこに到達したら褒めるような「条件付きの愛情」は子どもには負担となることがある。子どもの存在自体をそのまま認めることは父親には男らしさ意識が作用してとても難しい。外の社会の価値観を家族という情緒的な関係に持ち込んでいる。がんばりを褒めることは仕事のコミュニケーションである。育てやすいよい子は親にとって都合のよい子でしかない、と考える思考のワークショップは波風となったようだ。

最後のアンケート。その自由記述に思いが記されていた。「男親の難しさと子どもの気持ちに対する接し方を学びました。（四十代）」、「父親になると『こどものため』と思って、過保護的になったり、子どもをコントロールしたくなってしまいがちであるが、それは子どもの自立を妨げることにもなりかねない。子どもの成長をサポートしつつ、それでいて無条件の肯定を与えられるような人間になりたいと感じた。（二十代）」、「『認知の歪み』、『無条件の愛情・肯定』特にこのことが心に残りました。わかっていながらふと気づくとこのことを忘れている気がするからです。（五十代）」という参加者の声があった。九十分という非日常の時間、男のコミュニケーションの練習場。家族の日常がいつもどおり営まれていくことに、多少の意味づけと振り返りができる外部からの刺激となるようにと思い運営している。

「わたしメッセージ」のこと

二〇一七年は私自身がプロジェクトに参加できなかった。久しぶりの二〇一八年のお父さん応援セミナーだった。三十人の父親たちが夜に来てくれた。今年はいつもと違い初めての参加者ばかりだった。二人一組で、四人一組で初めての男性同士が私的なことを話す時間をたっぷりと確保した。「家族に対して最近どんな場面でありがとうと言いましたか」という問いかけに照れくさそうに話をしていた男性たちの姿が印象的だった。妻と自分とではありがとうの意味の勘所が違うとの話が出ていた。妻が感謝して欲しいポイントがわからないというか、微妙にずれることがあるらしい。聞いてみるとその男性は「ありがとう」を頻発すると感謝の気持ちが薄れるのであまり言わずに、ここぞというところで気持ちを伝えるのだそうだ。でも妻はもっと日常的な、何気ないことにこそ「ありがとう」を言って欲しいと思っていることが最近わかったというのだ。つまり格好良くしようとする男らしさ意識が邪魔をしているようだ。よい気づきだと思った。

最後に男たちに聞いた。「花を買ったことありますか」と。もちろん多くの男性たちは「ある」と答えた。「ではそれは誰のためですか」と聞くと、ほとんどは妻のため、母のためだと答えた。そこで最後にこんな提案をしてみた。「次は是非、自分のために花を買ってみてください」と。これはアメリカで男性問題を調査しているとき、脱暴力のグループワークをしている事務所に大きく掲げられていたことだ。男たちは照れくさそうに躊躇していた。いままでのやり方を変える、そんなに難しいことではないと思うのだが、やはり男らしさの縛りは相当にきついものがあるようだ。

叱ることとしつけること

二〇一九年の「お父さん応援セミナー」は初めての参加者も多かった。年齢も二十代の方から五十代まで広がっていた。そのなかでこんな感想を寄せてくださった方がいた。「罰ではどうにもならないという事が、様々な場面で活かせると思いました。今まで、こんな感覚を持つセミナーに参加したことはありません。来てよかったです（五十代、はじめて参加）」と。家族システムにおける父親の役割を話した箇所で、とかくしつけをしたがる父の立ち位置のもつ危うさを話したところに関連している感想である。男親塾での虐待の実例を次のように紹介した。

虐待して親子分離された父親のエピソードである。「小学三年の子どもが嘘をつくようになってきた。嘘をつくことは悪いことである。叩いて矯正しようとした。」と。これに対してグループワークで他の虐待する父親たちに聞いた。「こうした厳しいルールが家の中にあると子どもはどんな行動をするでしょうか。」と。同じように暴力でしつけられた父親たちが多いので、一様に同じ答えだった。「僕は嘘をついていないという嘘をついて生きてきた。」と。

この父親の罰でしつけようとする営みは嘘をつく子どもを育てているということにしかならない。こうした厳しいルールや罰を中心とした指導だと、彼は暴力をふるい続けなければならなくなる。厳しいルールは違反しやすくなり、違反があればさらにしつけのためと称して暴力を振るうことで対応することになる。悪循環に陥る。嘘をつくことを強化し、暴力を振るうことを強化するようなルールは不必要であることを理解していく。

子どもの嘘は教育のよい契機となる。罰ではなく罪の意識の形成とともに自ら改善する方向へいかに子どもを教導していけるのか、暴力を用いるとどんな結果になるのかなど、対話をとおして明確になり、罰として暴力を用いることの負の結果を理解する。

同じ事は体罰で処分された教師との対話からもいえる。部活指導で強くするためにということで体罰を用いた指導をしていたが、そのクラブはそうした雰囲気のなかで部員が辞めていき、部活動自体が成り立たなくなった。そしてなにより体罰のある部活動ではやる気がおち、試合で勝てなくなっていった。その教師は体罰を受けても選手となったことを誇りにさえ思っている。強く鍛えるためには体罰を行使しつづけるしかないと思い込むその教育観の根本を立て直す対話を職場復帰のための個人面談としてしたことがある。暴力の再生産でしかないやり方の修正と、ではどうすればいいのかについての問題解決のための対話となった。

罰だけでは子どもは育たないどころか別の効果を持ってしまう。罰の最たるものは虐待である。虐待を受けた子どもは長じて困難を抱える。男親塾に来る父親の全員が幼い頃虐待されていた。嘘をつくからといって暴力という罰で「解決」しようとしたその父親は虐待だと言われて男親塾に来る羽目に陥った。悪循環である。そもそも育った過程で虐待されていても、自ら成した家族では暴力を振るわない、つまり暴力が連鎖していない男性は男親塾には来ない。男親塾に来る父親はすべて暴力を再生産させているので、自分の代で暴力の連鎖を断つことになる貴重な存在なのだと説諭もする。

暴力という罰では人は育たないという話を真剣に受けとめてくれたお父さん応援セミナーの参加者たちだ。社会のなかでも活かせるということも話した。

五　お父さん応援セミナーのまとめ――男性性ジェンダーと地域住民へのアプローチ

各地での臨床も含めた家族問題対応は、家庭における父親の役割の変容を意識したものである。

パワーとコントロールに傾斜しがちな多数派の男性特権を構成する男性的コミュニケーションを念頭におき、とりわけ暴力や虐待につながりやすい男性性ジェンダーの特性を意識して、それを乗り越えるコミュニケーションの学習の場としてお父さん応援セミナーを実施した。男性性ジェンダーという無意識のコミュニケーション特性に根ざした日常生活からの脱暴力こそが、虐待問題の予防にとって重要だと思うからである。暴力以前の日常生活にこそ虐待の芽がやどる。地域住民へのアプローチはこの点に焦点をあてることができる。事前の防止と予防となることをめざした。

二〇二〇年度はコロナ禍で開催できなくなり、二〇二一年度に一年延ばした。プロジェクト最後のお父さん応援セミナーは「子育てを楽しむために―家族の中のお父さんの在り方・地域に貢献する男性像」と題したオンライン講演会とした。

このお父さん応援セミナーは青森県だけのプロジェクトだ。父親に何ができるかを問いかけてきた十年である。現代日本社会での子育ての大きな課題は母親の孤立する育児である。ワンオペ育児とも言われるほどだ。男性の育休の取得率は六%程度でしかない。お父さんの役割は子育てそのものを担う養育者たる父親としての課題と、妻との関係をよくするパートナーシップ、つまり夫としての課題の二つがある。縦の関係と横の関係が交差するところに課題が多く詰まっている。社会病理としては面前DVがそれだ。それを防止するための父親のコミュニケーション力の回復、これが十年（十一年）かけて取り組んできた主たるテーマである。災害後の家族を見通して日常生活からできることをする、これが日常からの後方支援としてのお父さん応援セミナーの目的であった。「子どもを育てながら発達する父性」をめざした。そのために、①パートナーシップのあり方（ヨコの関係を平等にすること）②子どもが夫婦関係をみて男女関係の在り方を学ぶこと（ヨコの関係がタテに影響する。つまり関係性の再生産）③男性性ジェンダーのゆくえ（ジェンダーの理解）に重点をおいてきた。

毎年行っていたグループワークは「男性のコミュニケーション教室」であった。表1に示したようなことを男性同士で体験した。最終オンラインレクチャーではこの背景と経過について、私の取り組む男親塾について、そして私自身の家族と育児体験についての話をしながらまとめとした。男親塾での対話から事例を紹介し、むつ市で取り組んできたコミュニケーションワークが奏功して男親力が発揮できていることを話した。

男性のコミュニケーション力
① レポート・トークとラポート・トーク
②「わたし」メッセージと「あなた」メッセージ
③ 後出し負けじゃんけん（勝つことに慣れている）
④ 沈黙とおしゃべりの肩もみ練習
⑤ 自分の親父の思い出トーク（同じことしてる？）
⑥ コミュニケーションワーク（聞いてる？他己紹介）
⑦ 男はつらいよ体験トーク（弱い部分もある）
⑧ 自分のために花を買ったことありますか？
⑨ 男性の友人は？何を話す？・・・・・・・

表1　お父さん応援セミナーで取り組んできたコミュニケーションワークのリスト

お父さん応援セミナーは家族をシステムとしてみることに力点を置いている。息子、夫、父親の存在と役割に光をあててきた。家族のなかの男性問題という視点である。男性たちが古い男らしさの規範に囚われないことが家族全体の生き心地の良さと幸福をもたらすというアプローチである。日々の相互作用とコミュニケーションを対象として誰でもいつでも可能な取り組みなので、これをマイクロ・アクションと呼んでいる。ジェンダー秩序はマクロな次元のことだが、それを「自分ごと」としてとらえることからはじめる脱暴力こそが大切になる。こうした男性のためのコミュニケーションワークは世界のあちこちで試みられている。世界と下北半島むつ市の男たちをつないできたプロジェクトだと強調してまとめた。

文献

東日本大震災女性支援ネットワーク（二〇一五）『災害・復興時における女性と子どもへの暴力」に関する調査報告書』（二〇一五年一月改定ウェブ版）
景井充・杉野幹人・中村正（二〇一九）『〝教育から学習への転換〟のその先へ―Unlearningを焦点に大学教育を構想する―』文理閣
ケイト・マン／小川芳範訳（二〇一九）『ひれふせ、女たち―ミソジニーの論理』慶應義塾大学出版会
村本邦子・中村正・荒木穂積編集（二〇一五）『臨地の対人援助学―東日本大震災と復興の物語』晃洋書房
中村正（二〇一六a）「暴力臨床論の展開のために―暴力の実践を導く暗黙理論への着目―」『立命館文学』第六四六号、立命館大学人文学会
中村正（二〇一六b）「暴力臨床の実践と理論―男性・父親の暴力をなくす男親塾の取り組み」『季刊 刑事弁護』第八七号、現代人文社
中村正（二〇一七）「不安定な男性性と暴力」『立命館産業社会論集』第五二巻四号
中村正（二〇一九）「暴力の遍在と偏在―その男の暴力なのか、それとも男たちの暴力性なのか」『現代思想』Vol.

47-2.
中村正（二〇二〇a）「男たちの『暴力神話』と脱暴力臨床論―家庭内暴力の加害者心理の理解をもとにして―」、『子どもの虐待とネグレクト』第二十三巻第一号、子ども虐待防止学会
中村正（二〇二〇b）「地域との協働をかたちにする支援者支援セミナーの経験」『対人援助学研究』Vol.10. 六二―七三頁
中村正（二〇二一）「児童福祉において『男性問題としての暴力』をいかに扱うか―男親と『暴力と加害・責任』の対話を拓く試み」、『子どもの虐待とネグレクト』第二三巻第三号、子ども虐待防止学会
落合恵美子編（二〇二一）『どうする日本の家族政策』ミネルヴァ書房
デラルド・ウィン・スー／マイクロアグレッション研究会訳（二〇二〇）『日常生活に埋め込まれたマイクロアグレッション―人種、ジェンダー、性的指向：マイノリティに向けられる無意識の差別』明石書店
レベッカ・ソルニット／ハーン小路恭子訳（二〇一八）『説教したがる男たち』左右社
レベッカ・ソルニット／ハーン小路恭子訳（二〇二一）『わたしたちが沈黙させられるいくつかの問い』左右社

第九章

証人たちの学びと成長
――プロジェクトに参加した大学院生たちの物語

村本邦子・宮崎康史

2021
2020
2019
2018
2017
2016
2015
2014
2013
2012
2011

このプロジェクトは対人援助学を掲げる大学院を母胎として立ち上げられたことから、プロジェクト型学習としても位置づけられ、十一年間で延べ二百二人、実数百七十一人の大学院生が参加した。現地でのプロジェクトは四県五箇所で行われ、院生たちは基本的にどこか一箇所を選択し、現地でのプロジェクト参加にあたっては、事前調査とレポート提出、研究会での報告、現地でのフィールドノートの作成とレポートの提出、研究会での報告、HPでの情報発信を義務づけた。プロジェクトの期間は一年とし、七回の研究会すべてに参加することで他のメンバーが担当した場所についても学び、年度末には公開シンポジウムという形で、証人としての情報発信と学びの報告を行った。参加者は修士課程一回生が中心で、一年だけの参加者が七割を超えるが、複数箇所に参加する者、二年以上、修了後も自主的に参加する者もあった。開始二年目からは一年間の学びを振返る事後アンケートを実施することにし、三年目からは、年度初めに学びの心構えを作るための事前アンケートを加え、記述することによる学びの促進とその可視化を目指した。

本章では、百六十九人のアンケートの自由記述をもとに、参加院生にとってプロジェクトはどのようなものだったかを検証し、対人援助職の養成における意味を考えてみたい。パートⅠでは、プロジェクトを主導した教員である村本が院生の事後アンケートを中心に院生の学びをまとめ、パートⅡでは、プロジェクトをまったく知らない宮崎が、少し距離のある立場から事前アンケートと事後アンケートの匿名化した記述データの質的分析を行う。ふたつの視点を重ね合わせることで、より大きな文脈から証人たちの学びと成長が捉えられることを期待する。

Ⅰ　教員から見た大学院生たちの学びと成長

一　大学院生たちの自己評価

参加にあたって院生自身が設定する目標に加え、被災地理解、対人援助の専門性、連携と融合、地域との協働、権利擁護の学びと自己成長を教育目標として設定し、プロジェクト終了後、それぞれ十点満点で学びの自己評価を行った。院生たちの評価は、十一年にわたり五点から八・三点の間で右肩上がりの傾向となっている。毎年、結果を反映させ、プログラム実施上の工夫を重ねてきたことに加え、年を重ねるにつれ先輩たちの学びの蓄積を受け継ぐということが起きていた。全般的な傾向としては、自分で設定した目標達成と自己成長がもっとも高く、権利擁護がやや低めであった。

また、院生たちによるプログラム評価を三項目五点満点で行ってきた。成長に役立った、後輩に勧めたいの二項目については毎年四・五点前後で「はい」と回答しているのに対し、もう一度参加したいの項目では四点前後とやや低い。これは、事前学習やレポートなど参加にコミットメントが求められるため、修士課程二回生では修士論文に専念したいとの理由からであった。忙しい大学院生活のなかで他の学習との折り合いが難しいということだろう。負担軽減を希望する者もあったが、対人援助が求めるコミットメントを学んで欲しいとの思いから、負担軽減はしなかった。

二　被災と復興の証人としての学び、対人援助職者としての学び

プロジェクトの五年目に参加院生の学びについてまとめたが（村本、二〇一五）、おもに被災と復興の証人としての学びと対人援助職者としての学びのふたつに分けられた。五年目以降についても同様だが、そのふたつは徐々に統合されていく。ここでは、院生たちの言葉を拾いながら、その概要を記述する。

被災と復興の証人としての学びは、津波による被災の痕跡が生々しく残る時期において、「肌感覚」と表現されるような五感を通じた被災地理解に及んだ。被災地に身を置いてこその身体感覚や人々との出会いによって情緒的に巻き込まれながら、証人（witness）であることや十年続けるという意思表示がもたらす意味についての考察がなされた。その後、事前学習やフィールドワークで学んだ現状とマスメディアによる報道との差異に気づき、参加を重ねて「状況を知れば知るほど、自

分が知らないことに気づく」との洞察が増えていく。時間経過とともに、地域や階層による復興の格差が拡がり、被災が日常のなかに埋め込まれていく。日常に溶け込んだ震災の爪痕、一括りで語れない被災地の現在を問いながら、現地のNPOや支援機関が扱っている問題はもともとの地域課題から始まっており、被災による負荷のため問題が拡大して表面化したにすぎず、被災地の問題は決して被災地にだけの問題ではないと気づくに至る。同時に「被災者とは誰か?」「被災地とは何か?」という根源的な問いが浮上してくる。

部外者だからこそ語られることがあり、自分たちの訪問が歓迎されていることに勇気づけられ、対人援助の相互性に気づく。被災地で求められるのは専門性より人間性であり、「何をなすか」(do)ではなく「いかにあるか」(be)である。支援以前に、眼前の相手に耳を傾けるという基本的姿勢を確認し、専門家こそが支援するという視点を逆転させる。東北の持つ自然や文化の魅力、人々との関係のあり方に感銘を受け、土地と人々が持つ力を信じ、主役は誰なのかを考えることができるようになる。援助対象となる人やコミュニティの背景を理解し、それに添った援助を行うことにこそ専門性がある、現地の対人援助職者の姿から伴走の意味を考えるなど、対人援助職者としての姿勢や信念に関わる気づきが多く得られていた。原発事故と放射能の影響に関してはその複雑さを知るとともに、専門家の発言が市民にもたらす影響とその責任にも眼が向くようになる。原発事故は人災であり、重層的な構造的暴力により周辺の人々の「生活・人生・環境」が奪われた。政府や専門家による情報に対して批判的視点を持ち、社会的弱者の目線や現地住民の声に根ざした物語に耳を傾け、問題は福島だけではなく、自分たちの生活と密接に関わっていることにも気づいていく。

権利擁護への責任、地域における協働、大学と地域との協働のほか、学びの共同体に関する記述も多く見られた。感じたことを言葉にし、発信することによって体験が整理され、院生同士での対話やリフレクションを重ねることで、自分の考えを明確にしつつ他者の意見にも耳を傾ける力をつけていく。すでにさまざまな対人援助職についている社会人院生や継続して参加している先輩から学ぶことも多く、多様な背景を持つ院生チームがともにプロジェクトに取り組むことによって専門性を協働構築していく様子がうかがえた。

三　継続すること、協働すること

個々の院生は一年だけの参加の方が多いが、年を重ねるにつれ、十年続くプロジェクトの一部に参加しているとの意識が生まれるようになる。再会を喜ぶ姿を目撃し、継続により深まる絆があり、年に一度の非日常も続ければ日常になることを知る。自らそんなつながりに参加し、名前を持つ私としてつながりたいと願う者もいれば、翌年もプロジェクトに参加して再会を喜ぶ声があり、終了後も個人的関係をつなごうとする者もいた。

プロジェクトは現地との協働なくしては成り立たず、現地では複数の機関が協力してプログラムを運営している。そのなかに入ることで、関係者や参加者が少しずつ変化していること、協働の経験がそれぞれの立場で活かされていることを見聞し、変化を生み出すには多様な職種を巻き込んだ継続性と長期間にわたる信頼関係の蓄積が必要であり、十年続けるという枠組設定によって短期的な支援では得られない豊かなものが生まれることを実感する。また、現地の支援機関がそれぞれの立場で地域住民に寄り添い伴走してきたことを知り、現地においても震災以前からのつながりや継続的な関係によって今があり、支援の場も支え合うことで成り立っていることを学ぶ。

「こうやって忘れずに来てくれることが私たちの力になる」という現地の声に、たとえ大きなことはできなくても、遠くから関心を持って関わり続けようとすることが人々の力になるのだと知る。多くの復興支援が撤退していくなかで、プロジェクトは震災をキーワードに集い語り合う場を提供している。被災地は一年毎に変化し、人々の暮らしや気持ちも変化していく。「復興に向けて日々前に進む被災地がふと立ち止まり、少し今までを振り返り、改めて前に進むことができるよう後押ししてくれているように感じられた」という者もあった。院生たちは、自分たちが震災について学ぶことで今後の災害に備え、伝承していく役割を果たしたいと考えるようになる。

人の変化や支援の効果に即効的なエビデンスを求める現代の傾向は、回復や人生を短い時間軸で捉え、長期的視点を疎かにする。二年という短い大学院教育で長期的視点を身につけるのは容易くないが、このような長期的な取り組みに部分的にでも参加すれば、そのエッセンスは学べそうである。「十一年続けてきたことで、各年の院生が学んだことが積み重なってきた」「大学院教育のなかで社会的責任を果たし、それを大学院生が毎年引き継いでいくことが重要であり、個々の参加院生がその年度のプロジェクトをこなしたということではなく、伝統の中に埋め込まれつつ発展的に関わっていくという経験ができることが大変貴重である」という声もあった。それぞれの年の学びを記録に残して継承し、現地プロジェクトやシンポジウムなどで修了生や継続的に関わる現地の人々と交流する機会が役立ったと考えられ、ここにはさらに工夫の余地がありそうだ。

四　当事者意識の形成と体験の物語化

回避・無力から行動へ

参加目的を見ると、対人援助を学ぶ大学院生として勉強したい、支援に関わりたいという者が多いなか、自分に被災体験がないことやこれまで無関心でいたこと、重要な課題であるにも関わらず、どこかで直面することを避けてきたことに無力感や罪悪感があることを仄めかす者たちがいた。しかし、現地に入り、その土地に関心を持って自分の足で歩き、そこに暮らす人々と触れ合うことによって、調べただけでは実感の乏しかった土地の歴史や文化、人々の思いが色彩を得て厚みを増していく。それによって、被災地やそこに暮らす人々と自分を結びつけ、東日本大震災という出来事が知らない誰かに起こったことではなく、私たちに起こったことだと認識できるようになっていた。支援する者／支援される者という関係を越えて、出会うはずのない人と出会うと、そこに新しい物語が生まれる。私を主語にしてプロジェクトに参加した自分の経験を物語ることで当事者意識が形成されていた。ここではそのいくつかを紹介する。なお、文章は、関連の部分を抜き出し、個人が特定されないよう多少の修正を加えてある。

震災直後、家族で海外旅行に行った。そこで日本の心配をされ、海外にいることが恥ずかしくなった。けれども、旅行に行く前も後も、ニュースで被災地の映像が流れるたび、涙が出てきて胸が苦しくなりチャンネルを変えてしまうことが多々あった。同じ日本で同じ人間がものすごく辛い状況にいることを信じたくなかった私の逃げだったと思う。このプロジェクトのことを聞き、被災地にいた人々のみが被災者ではなく全国に被災者がいることに気づいた。テレビの映像を見て心が傷ついた人々も被災者のひとりなのかもしれないと考えるようになった。私も直接ではないけれど、被災者なのかもしれないと考えた時、もう逃げたくないという思いが湧き上がり、そんな自分を受けとめ現地のことを知りたいと参加を決めた。対人援助学という新たな学問領域をどう活かすのかについても学びたいと考えた。参加してみて、年に一度でも現地に新しい風を吹かせることができること、対人援助の新しい視点や支援する上で大切なことを学んだ。自分からアクションを起こすことはできていないが、被災地や震災について考えることを避けていた私から一歩前進することができた。怖い所かと抵抗していたが、住んでいる人々や自然に触れてその土地が大好きになった。

私にとっての東日本大震災はテレビを中心としたメディアの中の存在だった。プロジェクトの存在を知り、どこか「他人事」だった震災について、現地に行って起こったことを自身の眼で見て感じたい、そのなかで私の何かが変わるかどうか知りたいと思った。参加する前は震災がどこか遠い世界の出来事だと感じていたが、事前学習、現地での実習、振り返りを通して、二重にも三重にも見え方が拡がり、自分の成長につながった。体験することの大きさを実感し、現地の方々との交流や取り組みのなかで、自分が学ぶだけではなく、自分たちが現地に行くことだけでも現地の支援になっていることも感じることができた。

東日本大震災に関わることが出来なかった後悔がモチベーションだった。東日本大震災という大きな出来事を経験した人の様々な小さな物語を聴き知ったことで、私の災いに対する考えは大きく変化したと思う。これまでは、ニュースで表面的に知って距離を持って理解するだけだったが、自分だったらどうかという視点を持つようになった。津波の恐ろしさを目撃した人の証言を読み、現地に行ってようやく体で理解する体験をした。災いが遺したものを抱えて生きる人の姿に学ぶことが本当にたくさんあり、多層的で多角的に対人援助や災害について考える機会を与えてくれた。受講生それぞれに学びが多かったことを発表からも感じた。

プロジェクトに参加することで、東日本大震災が「自分ごと」化されたという声は多かった。ちなみに、「自分ごと」という言葉が使われるようになるのは二〇二〇年以降である。テレビのなかの出来事でしかなかったものが、いつか自分の身にも起こる可能性が十分にあると「自分ごと」に置き換えて考えることで、先人の経験を教訓として受け継ぐという意思が生まれる。それは世界中で起こっている大きな出来事を「自分ごと」化する時にも役立つだろうという。「被災地に生きる人々と自分が地続きにあることを体感することで、当事者意識を持つということの意味、自分の眼の前のことだけでなく、未来の子どもたちのことや環境問題、政治に関わることの大切さに気づき、自分の小さな一歩には価値があると理解できた」。大きな社会的出来事に対し、小さくてもそれぞれが当事者意識を立ち上げ繋がることで取り組み可能なものになる。プロジェクトが東北を介して、院生たちを社会へとつなぐ通路にもなっていた。

東日本で大震災を経験した者たち

立命館大学には全国から学生が集まってくる。自分自身、あるいは親や祖父母が東北の出身だったり、当時は関東に暮らしていて震災を経験するなど直接東日本と関係のあった者も含まれていた。居住地が被災地と呼ばれる場所かどうかとは別の、物理的被災や心理的被災がある。参加動機を見ると、自分のことで精一杯だったり、直面することに恐怖を感じて避けてきたものの、対人援助職につく者として整理しておく方がいいのではないかと課題を捉えた者たちが参加していた。

実家が関東にあり、震災時、夜中まで家族と連絡がとれず不安だった。全員の無事がわかった時には涙が止まらなかった。その後も実家のことで精一杯で、他人のことを考える余裕などなかった。今になってやっと他の人に対する支援ということが考えられるようになり、将来心理臨床家として働こうとする自分にとって必要不可欠だと思って参加した。実際に行ったことで、テレビやインターネットでは知ることができなかった東北を知ることができた。自分の家族が体験した被災についてはまだ気持ちの整理がつけきれずにいる。家族の体験についてもっと深く考えることができたらさらに成長できるのではないかと思っている。

父母の故郷である福島沿岸部のことを改めて知りたいと参加した。プロジェクトに参加することは、関東の住民の一人として経験したことの再確認とも考えている。短期間ではあったが、当時の記憶はトラウマのように蘇る。二〇一二年、東北に行く機会があり、人から勧められて沿岸部を訪れた。連日放送されていた現地がそのまま眼の前にあり、言葉がなかったことを覚えている。震災六年目にプロジェクトで福島を訪れ、復興は進んでいるという認識だったのに、除染土が住宅の敷地内に保管され、避難者と地元に留まった住民との葛藤、原発や放射能の話題を禁忌とする雰囲気が醸成されていることを知った。自分の親や親族に関係することである。忘れてはいけないこと、次世代に残すべきことを考えていきたい。

故郷と居住地で体験した震災は自分の人生にとって非常に大きなものであり、ずっとモヤモヤとした何かが心の中にあり続けている。あの瞬間から世界が変わって見えた。大きな変化の一つは、あの震災を機に故郷が全国に知られるようになり、地名がシンボリックなものになってしまったことへの違和感である。東北地方は私のアイデンティティを形作ってきた場所であり、プロジェクトは自分のルーツを探る旅でもある。この違和感の正体を探ることは、私の物事の見方や行動について理解を深めるきっかけになるような気がする。また、東北に根を持ちながら、故郷以外の復興はかなりぼやけた姿しかないということにも気づいた。プロジェクトに参加し、外側から地域のことを調べ、半分だけ外部の人間としてその場に立ってみることで、自身の体験を相対化し再編集を試みたいと考えた。実際に足を運び、圧倒的に状況理解が深まった。体験の相対化や再編集がされたことは間違いない。少なくとも東北のことや震災のことをもっと話してみても良いのだと思えたし、実際、話すようになった。これだけでも大きな変化である。

私は中学二年生の時に関東で東日本大震災を経験した。東北に比べるとひどくはなかったものの、生活が大変だった記憶がある。生まれ故郷には津波が到達し、毎日を必死に生きるなかでうまく震災を整理できず、気づいた時には大学生になっていた。大学では繰り返し被災地支援に向けた動員があったが、「震災は怖い」という思いが強く、意気込んで参加していく仲間の気持ちがまったくわからなかった。そんな私だが、対人援助職者を目指す者として震災に真摯に向き合い、しっかりと整理する時間が欲しいと感じていた。プロジェクト中のメンバーとの話し合いや、現地の人との出会いで、ふっと自分のなかにあったものが軽くなった感覚がある。軽くなったことで震災について考える余地ができ、まとめのシンポジウムに向けてメンバーと議論し、伝えることまでをやり通すことができた。未整理だった震災を完全ではないものの整理するきっかけができ、向き合うことができるようになったことは大きな成長だと思う。

これらの院生たちにとって、プロジェクトには、東日本から距離を置いた立場で東日本大震災の体験とその影響について理解し直したいという動機が含まれていたことになる。一回のプロジェクト参加で何を得たかは必ずしも十分に言語化されていないが、自身の被災体験に向き合う小さな一歩を踏み出したと言える。大きな災厄の経験を人生の物語にのせていくには長い時間がかかることだろう。このような経験を抱えたまま年を重ねている人々が全国にたくさんいるに違いない。

阪神淡路大震災を経験した者たち

立命館大学は関西にあるので、阪神淡路大震災を体験している院生は少なからずいた。自由記述によれば、阪神淡路大震災で自身が大きな被災体験を持つ者、周辺からのボランティア経験を持つ者、年齢が低く被災の記憶がない者がいた。

二十年前の阪神淡路大震災に遡る。関西に住みながら、生死や運命の明暗をざっくりと切り裂かれた感覚を抱いた。震災直後、平穏に生活を送っていることに罪悪感を覚えたが、納得のできる援助は何もできなかった。プロジェクトを知り、自分自身のために何ができるかを問いつつ、被災者の方々が求める支援とは何かを探求したいと考えた。プロジェクト参加によって多方面から対人援助を学ぶことができた。これまでの私自身の経験値と統合させながら臨むことで、自己成長の無限を感じた。今後、専門職養成の現場でこのような教育カリキュラムを作りたいとも思う。

私は阪神淡路大震災を被災した一人であり、その当時幼く力になれなかったこと、何もできなかったことへの悔しさをどこかで晴らすという一面があった。同時に、どこかで無関心であった自分を変えたかった。被災地に行って人々と関わり、とくに一組の兄弟に対してその時間だけでも力になることができたような気がしている。現地に行くことで零だったものが一になったという点で、すごく成長できたと思う。

私は阪神淡路大震災の被災者であり、その後も神戸で生きてきた。しかし当時二歳で、震災の記憶はなく、何も語ることができない。被災者の役割である伝承ができず、被災者としての不十分さを感じていた。プロジェクトに参加することで震災について学び、他者に伝達することができる。そこに自分の役割を見出したいと思った。現地の人との交流やフィールドワークを通して、震災がもたらす被害の大きさやそれが生活にもたらす影響、被災者の変化の過程、土地の文化について学ぶことができた。何度もチームのみんなで集まり、感じたことを共有しあうことで援助とは何かについて考えることができた。しかし、ただ行っただけで終わってしまったようにも感じていたため、再度、参加した。現地の理解や自己理解を深められただけでなく、阪神淡路大震災についても考えることができた。今まで親や祖父母から震災について詳しく聞いたことがなかったが、これをきっかけに当時の話を聞くことができ、神戸の過去を語る言葉を見つけることができた。今後もプロジェクトの意義や専門性について考え続けたい。

私は阪神淡路大震災の一年後に生まれ、震災を知らずに育ったが、地元の小学校では、阪神淡路大震災、被災者や遺族の想いについて学んできた。震災を経験した建物は傾き、傷がある。倒壊したり火事で燃えた建物は、まったく新しい建物へと変わっていき、その変遷を私はずっと見てきた。東日本大震災が起きたのは高校生の時で、その日を境に避難訓練は三月に行われるようになった。話題も東日本大震災に変わり、私には阪神淡路大震災がなかったことにされた気がした。今、東日本大震災の被災者は同じように感じているのではないか。同じ思いをした者として、「そんなことはない。まだ終わってないんだ」と伝えたいと思い参加した。現地へ行って、人々が歴史や過去から学んできたこと、外部の人に伝えるためにさまざまな活動が行われていること、未来に繋がる活動も精力的に行われていることを知り、自分のなかにあった色々な思いにある程度の決着がついたように感じた。経験していないからこそできることがあるのではないかとも考えられるようになった。東日本大震災が起きてから九年の月日が流れ、報道もほとんどなくなり、人々の記憶からなくなりつつある。でも、そうではない。被災者の想いを外の人に伝え、より良い未来へつなげようとする取り組みがあり、「あの日確かにその災害があったのだ」ということを語り伝えられるようにすることが証人になることだと考えた。今後も生まれるであろう被災者とどのように接するのか、震災について学ぶことにどのような意義があるのかを地元でも伝えていきたいと思う。

高校生の時に阪神大震災に遭い、親戚のいる関東に自分だけ疎開した。東京での勤務時、東日本大震災に遭遇し、避難者を受入れ、近年の北摂地震と三度の地震を経験した。阪神大震災ではミサイルが落ちたのかと思う衝撃だった。現在でも大きな揺れを感じると、当時のことが想起される。あれから二十五年経っても忘れられない体験であるのだから、東日本大震災からまだ十年に満たず、苦しい状況が続いているだろう。いつか私にも何かできないかと思っていたので、今回のプロジェクトに参加したいと考えた。参加して、東日本大震災と阪神大震災の違いを実感し、現在の被災地の状況を知ることができたと思う。しかし知ったうえで、自分がどのように今後向き合っていくのかなど、まだ整理のつかない段階である。先生方や多様な専門家に触れ、メンバーとも議論できたことで、ひとつの事柄に対しさまざまな思考や価値観、向き合い方を学ぶことができたことは大きな財産である。自身の仕事や研究においても、この体験を活かしたい。

ここにも、大きな災厄を経験した土地に生まれ育った者たちの物語があった。それは個人の物語としてだけではなく、土地の物語として編まれ続けているようにも思われる。震災後に生まれた者たちでさえ共有する土地の記憶である。それは世界のどこかで大きな災厄が起きるたびに繰り返し想起され、二十五年経っても、十分には昇華され尽くせないものとして編纂され直す。東北沿岸部には、こうした土地の記憶が歴史を通じて重ねあわされてきた。対人援助職者はそういった記憶に思いを馳せることができる方がいい。阪神淡路大震災を経験し、東日本に行った者たちは、自分の震災体験に向き合いながら、そんな学びをしていたのである。

仕事やボランティアで被災地や被災者と関わったことのある者たち

後半になると、仕事やボランティアで被災地や被災者と関わったことのある者が一定程度いて、その時の経験に基づく問題意識と関心を持って参加していた。第三章の河野や第七章の増尾はその代表例と言える。被災地や被災者についての具体的なイメージと自身の問いを持っているだけに一歩先んじており、当事者意識をもって現地の人々と対話を行い、他のメンバーをつなぐ能動的な動きや自身の問いの答えを積極的に探そうとする姿勢が見られた。

仕事で福島から避難してきた高校生と関わるなかで悩み、葛藤を感じた経験からプロジェクトに参加し、支援とは何かを問い直したいと考えた。彼女達が過ごした生活圏に足を踏み入れたことで、少しだけだが現状を身をもって把握することができた。当時の私は、放射能の話などはどこか他人事だったかもしれない。放射能測定器を使用したり、点在する放射性廃棄物の一時貯蔵場所や帰宅困難区域を見学したり、タイムリーな現状を様々な現地の支援者から聞けたことで、被災地の状況理解を深めることができた。支援の場で支援する側とされる側に分け隔てがなく、ともに現実を分かち合い、異世代の人たちが一緒に考え、今一緒にいられる喜びを確信できるような仕掛けをし、そっと寄り添っている事に気がついた。これは私の今の現場に活かせるのではないかと思う。権利擁護は、支援を受ける人たちの想いや物語に自分の解釈を重ねて他者に伝えていくことではないかと考え、福島に行って体験したことを生徒や保護者たちにも発信した。学校では震災関連の発信は多いが、震災当時の悲惨な現状しか伝えていないことに気づいた。団先生の漫画冊子『木陰の物語』を学校に置き、生徒たちが手に取っていると、とても嬉しく感じる。

震災当初ボランティアに入り、毎年継続して震災地を訪問してきた。現在の様子をこの目で心で確かめたい、プロジェクトの十年がどのようなものだったのか、研究という視点で見た時にどんな見え方がするのかを知りたいと思った。当時お世話になった方々に会って現在の様子や活動を聴き、十年がつながる感じがあった。離れていると大きく一括りにして述べてしまうところがあるが、現地に行って現地の方の思いを聴くと、一人ずつ異なっていることを知る。その気持ちを理解することなど到底できないと感じたり、見えるものの裏側にある見えない思いについて考えさせられたりした。フィールドワーク時は現状を捉えることで精一杯だったが、十一年の活動のバトンをつなぎたい。プロジェクトを通して点だったものが線でつながっていく感じがあるが、これからの活動を通して面になっていけるような生き方をしていきたいと思う。

二〇一一年四月に仕事で福島に派遣された。家はあるのに原発避難民として避難所を転々とさせられ、将来の不安も含めやり場のない憤りがあることに衝撃を受け、ただ茫然と聞くだけだった。その後も毎年友人がいる沿岸部に足を運び、少しずつ復興していく姿を見てきた。原発事故から十一年、最初に訪問した福島の復興は果たして進んでいるのかをこの目で確かめたい。十年の月日で人々が忘れていく現実がある。それぞれの地域が前向きに少しでも復興していれば、私は証人までなる必要はないと思っていたが、事前学習と現地訪問で福島は復興のまだスタート地点にも立っていないことを学んだ。明るくたくましく活動されている人々がいる一方で、そうでない人々が大勢いることも事実だと感じた。問題解決には少なくとも次の世代までかかる重大な課題に、今を生きるものとして直視しなければいけないと気づいた。証人の一人としてそれぞれの立場でできることを次の世代に伝えていく必要がある。自分が今取り組んでいるＮＰＯ活動をさらに発展させ子ども支援に繋がるものを立ち上げたいと思っている。

五　リモートでのプロジェクトを経て

プロジェクト最終年となるはずだった二〇二〇年にコロナ禍を迎え、すべてのプログラムをオンラインで行い、最終年を翌年に持ち越した。とても残念なことだったが、遠くの土地をオンラインでつなぐという選択肢が得られたことで思わぬ成果がもたらされた。院生たちはすべての地のプログラムに参加することが可能になり、それまで以上に広い視野と関心を持って各地の理解を得た。

また、それぞれの土地と立命館をつなぐという意味合いが大きかったものが、オンラインで東北各地を同時につなぐことが可能になり、過去のメンバーや各地の人々が時空を越えて出会い、知り合った。年度末のシンポジウムでは、プロジェクトの全体像が捉えやすくなり、現地の関係者たちから、「プロジェクトの縦糸と横糸が編まれていくような印象を受けた」と喜ばれ、「プロジェクト終了後もオンラインを利用して一年に一度でも関係を続けよう」との提案もなされた。これは是非実現したいと考えている。

学びのアンケートは現役院生にしか課していないため、修了後の変化は見えにくい。オンラインで行った最終年のシンポジウムでは、過去のメンバー十名によるフォトボイス（印象に残った写真にメッセージをのせて紹介する試み）で十年を振り返り、プロジェクトの学びを発展させている修了生に現在の取り組みを紹介してもらった。

一人は第二章にも登場する新谷眞貴子さん（NPO法人家族・子育てを応援する会理事長）である。二〇一三年、二〇一四年の参加メンバーであり、その後も修了生として毎年プロジェクトに参加した。プロジェクトで得たことを活かし、二〇一六年に地元で家族漫画展を含む子育て支援事業を立ち上げ、活動を展開している。会に長く参加してきた母親たちが「自分たちがもらったものを地域にお返ししたい」と、新しい活動も始まっているという。二〇二二年には「家庭教育支援チーム」の活動推進に係る文部科学大臣表彰を受けた。

もう一人は内田一樹さん（自由の森学園中学高等学校社会科教諭）で、二〇一五年の参加メンバーである。二〇一六年に故郷で熊本地震を経験し、修了後もたびたびプロジェクトに参加している。多くの人と出会いさまざまな物語を聞きながら、自分自身の物語に意味づけをもらうことで自分もケアされていると実感してきたという。政治学者ジョアン・トロントの「私たちはケアを提供する者であるだけでなく、誰もがケアを受け取る者でもある」という言葉に共感し、受け取ったものを次の世代にどう継承していくのかと考えてきた。社会科教諭としての歴史継承に加え、子どもたちが社会で起こる出来事を自分とは関係ないと感じている傾向や必要以上に自助・自己責任の論理で生きていてケアを受けることが苦手であることが気になっている。学外の様々な人と出会わせる企画に関わりながら、自分自身の物語と東北の物語、子どもたちの物語をつなげたいと、新しく東日本と関わる選択講座「東北と復興」も立ち上げた。

修了生たちが私の想像を遥かに越えて、次世代への継承を考え、行動を起こしていることに驚き感動を覚えている。ここのような動きを可視化することで、さらに促進していくことができたらとあらためて考えている。

Ⅱ　被災と復興の証人になるということ――対人援助の専門性をめぐる脱学習論

一　筆者（＝私）の立場性と本節の趣旨

二〇一一年三月十一日午後二時頃、私は大阪府堺市にある予約していた美容室に到着した。当時、私は桃山学院大学社会学部の四年生で、卒業式を間近に控えていた。卒業式で大勢の人の前に立つ役割を任されたため、見た目を整えるために一年間我慢していたヘアカラーを予約した。四年間のキャンパスライフ最後の晴れ舞台に向けてワクワクした気持ちで美容室に入った。担当の美容師さんとどのような髪型にするか話しあっていた。午後二時四十六分。私はシャンプー台に向かい、美容師さんに髪を洗ってもらっていた。すると、地面が縦に緩やかに、しかし、大きく揺れるのを感じた。「地震かな?」と私に話しかけた担当美容師さんを遮り、私は「避難したほうがいいと思います」と強く訴えた。

美容室は道路沿いにあり、その道沿いには飲食店等の店が並んでいた。シャンプーケープをつけたまま、店から慌てて飛び出した。すると、他の店からも一部の客や店員が慌てて出てきていた。縦揺れがおさまった直後、横揺れがはじまった。一分以上、揺れていた気がする。美容室の中に戻ると、美容師さんがテレビをつけていた。テレビをつけるまでは、「いつものことか」という空気感があった。だが、テレビをつけた後、店内は凍り付いた。その空気感は、今でも身体の感覚としてリアルに残っている。新しくなった髪形のことはすっかり頭の中にはなかった。

その後、卒業式は予定通り行われた。しかし、祝賀会や食事会は全て中止となった。私は、これに対しての不満は一切なかった。また、私の周りでは、この対応に不平や不満を口にした友人はいない。むしろ、卒業式を行うことに対するある種の罪悪感を抱いていた。「何かできることはないか」という気持ちで、友人たちと年度が変わる直前まで、とある地下鉄の駅付近で募金をひたすら行っていた。でも、正直に言えば、なぜ募金活動をしているのか私自身もよくわからなかった。でも、何かしないと罪悪感が生まれてしまう。その罪悪感をごまかすために、募金活動をしていたのかもしれない。募金活動に意味があったのかどうか未だによくわからない。これが、私の東日本大震災発生直後の経験と正直な胸の内である。

私は、一人の「当事者」として、東日本大震災を語ることや考えることが難しい。それは、なぜだろうか。それは、「その土地」にいなかったことが大きいかもしれない。いや、そうではなく、「その土地」にいなかったことに罪悪感を勝手に抱いていたのかもしれない。私が通っていた桃山学院大学は、関西地域に位置していた。そのため、私の友人には、阪神淡路大震災を「その土地」で経験した人が多かった。その友人たちは、気が付けば東北地方に足を運んでいた。しかし、私は行こうという気持ちになれなかった。それは、私が、「被災の経験がない」という立場性を強くもっていたからかもしれない。テレビで見たあの場所で、何かできる自信がなかったし、「怖い」という感情に近いものを抱いていた。今でも覚えているが、震災が起こった直後、ボランティアへ行こうとする人びとに対して、数多くの批判が寄せられていた。それは、被災者が置かれた状況を、深く理解せず、土足で「その土地」にあがりこむようなものだという内容の批判であった。二〇一一年三月当時、私はこの批判の言説に迎合し、「その土地」を避けつづけた。向き合うことから目を背けていたのである。大学卒業後、同じ大学の大学院博士前期課程へ進学したが、私が所属していた大学院でもまた被災地へのボランティアを募集していた。同期で唯一、「その土地」に行かなかったのは、私だけであった。とても恥ずかしい話だが、気づけば「その土地」に出向いていた同期生に対して、「私は大学院生だから自分の専門職研究を大事にする」と自分に言い聞かせて、差異化していた。先に述べた罪悪感から逃れるために自らの選択を正当化しようとしていたのかもしれない。もちろん、誰も正当化することなんて求めていなかったのだが。

以上の様に、二〇一一年当時、被災の経験の当事者意識をもつこと自体が難しく、考えることそれ自体から逃げていたと言われても反論できない私がいたことは確かである。そして、こうしたエピソードは、私の問題である。と同時に、この章とも深くかかわる問題でもある。

ここでは、「被災経験の当事者意識をもつことが難しい者」という立場から、立命館大学大学院(応用)人間科学研究科のプロジェクトに参加した院生たちのアンケートをもとに、院生たちが、どのように被災と復興の証人としての役割を学び、また、それらの学びを対人援助の専門性に結びつけていくのかを論じていきたい。

とりわけ、ここで強調しておきたいのは、この章で「単純」にアンケートを質的に分析し、上記を論じていくというだけでなく、この質的分析を進めていく中で、「被災経験の当事者意識をもつことが難しい者」という立場に置かれている筆者(=私)が、ある種の被災と復興をめぐる先入観をもっていたことを記述するという作業を行っていく。つまり、単に質的な分析結果を提示することが趣旨ではない。アンケートの質的分析を通じて先に論じた筆者(=私)が、対人援助としての一担い手としての限界を指摘するものである(注一)。

二　アンケート調査の分析結果からみえる脱学習論

ここからは、プロジェクトに参加した院生らを対象としたアンケートの記述部分の質的な分析を参照していく。それでは、アンケートの分析結果を見ていきたい。量的データは数字で示すことができるものであるのに対して、質的データは数字で示すことができないものを指す。これらのアンケートの自由記述欄を、MAXqdaという質的データ分析ソフトを用いて記述と対話することから始めた。MAXqdaとは、文章の文脈を「切る」ことで、質的な経験知を一般化することを試みるものである。これは、アンケートの記述の内容を、一つの意味のまとまりだけになるように切片化し、その切片化した文章を、十文字程度のコードに振り分けていくという手続きをひたすら積み重ねるものである。この作業を、事前アンケートと、事後アンケートにわけMAXqdaを用いて分析した。

まず、事前アンケートの分析結果を見ていきたい。事前アンケートと事後アンケートとの相違点に注目しつつ、プロジェクトでの学習プロセスを検討していきたい。分析の結果は思いもよらない結論を導き出した。私は、分析を行うまで、「事前アンケートは対人援助の専門性を主軸とした学習プロセスが析出されるのに対して、事後アンケートは対人援助の専門性ではとらえきれない学習プロセスが析出される」と予想していた。だが、そうした結果は導き出されなかった。

図1が事前アンケート、図2が事後アンケートを、それぞれコードマッピングしたものである。まず、コードの内容それ自体に注目したい。事前アンケートでは、事後アンケートでは生成されなかった、〈被災者のニーズ把握〉〈専門性についての理解〉〈被災者・被災地への後ろめたさ〉〈専門

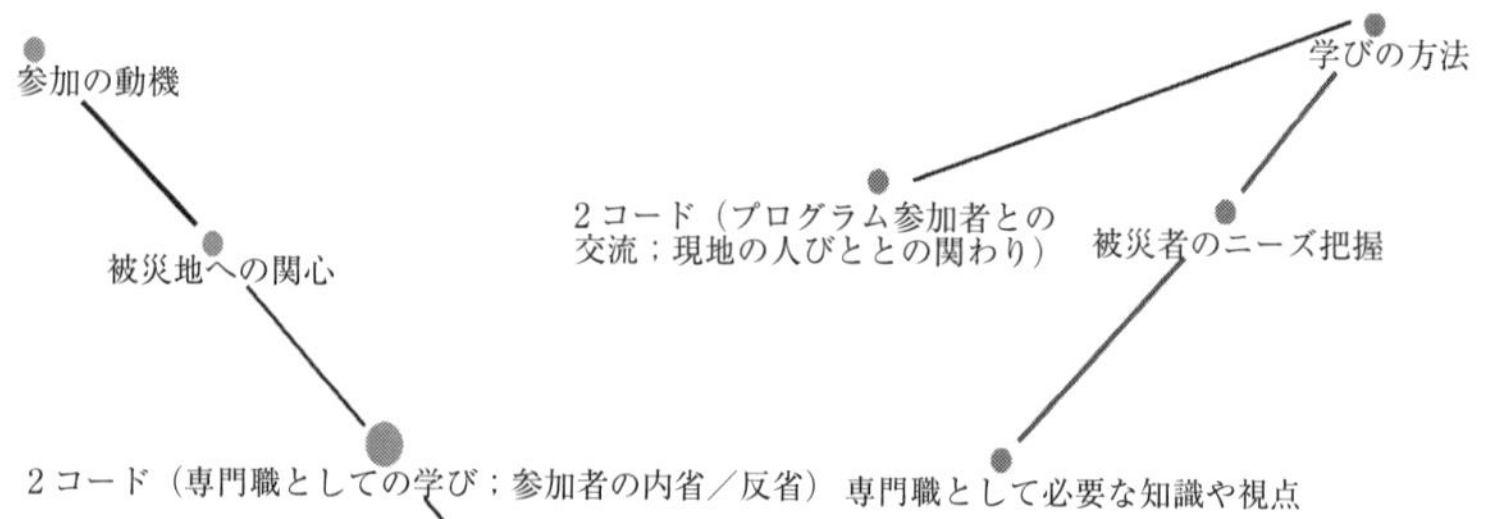

図１　事前アンケートのコードマップ

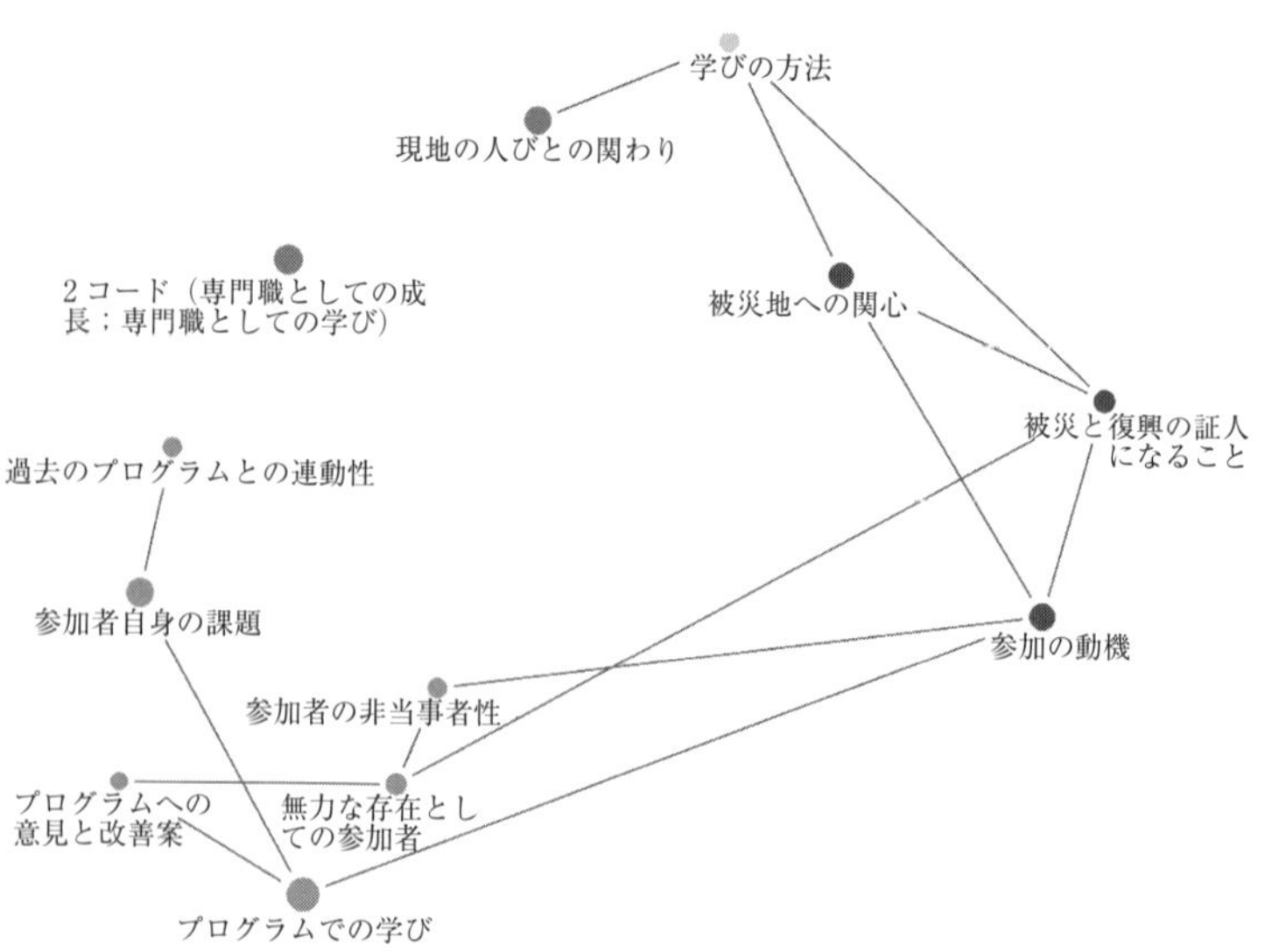

図２　事後アンケートのコードマップ

職として必要な知識や視点〉〈他人事としての被災と復興〉の五つのコードが生成された。そのうち、〈被災者のニーズ把握〉〈専門性についての理解〉〈専門職として必要な知識や視点〉の三つのコードが、事前アンケートのみで確認されたことから、プログラム実施前には、プロジェクトでの学びにおいて対人援助の専門性に関する記述が多く確認されていたことがわかる。

そして、事前アンケートのコードマッピングでは、学びのストーリー化は見受けられなかった。図1を確認すると、対人援助の専門性やその学びに関連するコードマッピングの三つのクラスターがそれぞれ分離して描かれていることがわかる。このように、事前アンケートからは、学びのプロセスや、学びのストーリー化は確認できなかった。これらに対して、図2の事後アンケートにもとづくコードマッピングでは、〈過去のプログラムとの連動性〉から〈現地の人びととの関わり〉までの一連のコードの連続性、つまり学びのプロセスと学びのストーリー化が確認された。

注目すべきは、図2の事後アンケートで描かれた学びのストーリー化において、〈専門職としての成長〉と〈専門職としての学び〉が完全に分離し、独立した形でマッピングされた点である。繰り返すが、事前アンケートでは、〈被災者のニーズ把握〉、〈専門性についての理解〉、〈専門職として必要な知識や視点〉という対人援助の専門性にかかわる三つのコードが生成されたが、事後アンケートではこれらのコードは生成されなかった。この結果に加えて、図2にあるように事後アンケートにおいて、〈専門職としての成長〉および〈専門職としての学び〉が、独立して位置していたことから、事後アンケートでは、対人援助の専門性に関する記述が参加者の学びからは脱構築していたと捉えることができる。

以上を踏まえると、プロジェクトは、このプログラムを通じて対人援助の専門性を学ぼうとしていた参加者らに、「その土地」での経験を経て、対人援助の専門性を「学ばないこと」の意味とその方法論（＝脱学習論）を体得するという学びをもたらしていたと捉えることができる。しかも、ここで重要なのは、図2にあるように、〈参加の動機〉と〈被災と復興の証人になること〉とが直結していた点を踏まえると、この対人援助の専門性に関する脱学習のプロセスには、被災と復興の証人になることそれ自体が、参加の動機に近づいていくことがわかる。言いかえれば、被災と復興の証人になることの意味が理解できるようになるということである。

四　アンケートの分析の対話を通じて見えた筆者（＝私）の思い込み

筆者（＝私）は、「このアンケートの質的分析をしてほしい」という依頼が来た時、心の底に「怖い」という感情が芽生えた。それはなぜなのだろうか。それは、第一節で述べたように「被災の経験がない」ことに強い後ろめたさを感じていたからである。「当事者ではない私がこのテーマの一員になることそれ自体に、強い不安を抱いていたのである。「被災と復興について考えなければならないけど、考える権利がない」という思い込みが私自身のなかを巡り巡っていた。

だが、このアンケートの質的分析を行い、また、院生らの経験と「対話」していく中で、「被災と復興の当事者と非当事者」という二分法による立場性のすみわけ自体が、被災地とそれ以外の土地との分断をもたらすのではないかと考えるようになった。更にいえば「被災と復興の当事者と非当事者」という二分法は、「被災の経験がない」筆者（＝私）のような人間による都合のよい解釈ではないのかという考えされもつようになった。

この思考の変容を象徴することがある。それは、先に示したMAXqdaによる分析で明瞭に表れていた。MAXqdaは、良くも悪くも機械的にコード間の関連性を説明するものであり、冷たさをもつ分析ツールである。そのため、分析においてコード間で結びつきが見られないコードは遠慮なく切り捨てられるのである。不思議なことに、図2の事後アンケートのコードマッピングを見ればわかるが、コード間の関連性を導き出す、図解ツールによる図式化では、〈参加者の非当事者性〉には反応した。しかし別に設けていた〈参加者の当事者性〉のカテゴリーは、関連性がないとみなされて無視されてしまったのである。ここでいう、〈参加者の非当事者性〉と〈参加者の当事者性〉というすみわけは、先に述べた「被災と復興の当事者と非当事者」という二分法にもとづくものである。阪神淡路大震災等を代表とする震災経験がある記述やその他被災経験者としての記述を〈参加者の当事者性〉、これらの経験がないことを意図的に強調している記述を〈参加者の非当事者性〉に分類した。

話を戻そう。コード間の関連性を導き出すための、図解ツールによる図式化で〈参加者の非当事者性〉には反応したが、〈参加者の当事者性〉は関連性がないとして無視された（図2）。このことは、次の二つの点を示唆している。第一に、当事者をめぐる二分法よるコード分類それ自体が、「被災経験の当事者意識をもつことが難しい者」を解釈した枠組みであるということである。そして第二に、対人援助職としての専門性が、「被災と復興の当事者と非当事者」という二分法を正当化するある種の盾となり得る、ということである。

つまり、被災者の「当事者意識をもたない」ことを過剰に意識すると、「当事者でない者がそれ（＝被災と復興）について安易に考えるべきではない」という考えにつながり、その結果、被災と復興について考え、調べることから離れることを正当化してしまうのである。そしてその正当化を強化する知識として、対人援助の専門知が存在するといえる。先に述べたように、筆者（＝私）は、大学院博士前期課程において被災地へのボランティアに同期生の中で唯一参加せず、「私は大学院生だから自分の専門職研究を大事にする」と自分に言い聞かせて、参加していた同期生とは、差異化していた。この経験談から言えるのは、被災者・被災地に何もできない自分にもたらされる罪悪感から逃れるために自らの選択を正当化するロジックは、対人援助の専門知が還流してしまう危険性があることである。これが、筆者（＝私）が今回のプロジェクトのアンケートとの対話から学んだことである。そして、この根源には、当事者と非当事者という二分法が存在している。この二分法に安住すれば被災と復興の記憶や経験を風化させてしまうのではないだろうか。

では、これに対して私たちはどのように向き合うことが求められるのだろうか。それが、先に分析した、被災と復興の証人になる過程で観察した対人援助の専門職としての「学ばない」という姿勢である。この対人援助の専門職としての脱学習を保障するには、先の分析にも見られたように、「被災と復興の証人」としての役割を、学習の主体者自らが一人の人間として理解し、それ自体を学びの動機づけにすることが必要不可欠な姿勢であることを学んだ。

最後に、この文章を読んでいるあなたが筆者と類似した立場性にある場合に、どのようなことをするのか、と問いかけたい。筆者（＝私）は、二〇一一年当時の出来事を振り返りつつ、先に述べた大学院の同期生に本書を献本し、当時の自分をさらけ出すことから始めたいと思う。

おわりに

パートⅠとⅡの結果を重ね合わせて見ると、図2のマップに見られる事後のふたつのクラスターのうちの大きなひとつがⅠで論じた「当事者意識の形成と体験の物語化」に対応すると考えられる。事前には他の項目とは無関係に存在した「無力感」や「非当事者意識」が、事後には参加動機に組み込まれ、被災地や人々との関わりとともに証人であることと結びつけられて物語化されていた。マップの項目にはないものの、そこでは自身の人間的成長が多く語られている。また、独立したもうひとつのクラスター〈専門職としての成長〉と〈専門職としての学び〉は、「被災と復興の証人としての学び、対人援助職者としての学び」「継続すること、協働すること」に対応すると推測される。これは対人援助の専門性に関するもので、Ⅰの分析からは時間の経過とともに証人であることと統合されていくようだった。MAXqdaによる分析ではそこにいまだ関連性は示されていないが、おそらくは、専門性の共同構築と脱構築の繰り返しにこそ専門性があるとの理解が証人であることと結び付いた時に、トータルな物語として語られていくのではないかと予測される。さらに焦点化した分析が可能であると思われるが、今回は着手しないでおく。そこがつながるには、おそらく対人援助職者としてのさらなる実践を継続し、専門性の共同構築と脱構築を繰り返すことが求められるものと考えられる。

宮崎による自己の立場性の揺らぎと分析結果を知り、村本は初めて自分の視野の外側にあった者たちの存在を見た。参加院生の記述から、特定の院生たちが、プロジェクトに関わる前は、被災地に対する回避・無力感や罪悪感があったことは理解していたし、参加の有無に関わらずプロジェクトに近寄ろうとしない層があることは感じていた。一方、宮崎は、この原稿の執筆を通じて、「被災」を「その土地」で経験した人々とは違う形で経験した者の一人であると思えるようになったという。参加院生たちが、自分のなかにある回避や無力感についてアンケートに記述し始めたことで、そこにかすかな当事者意識が立ち上がり始めたように、宮崎も、当事者でない自分にこだわることを文字にするうちに、自分の当事者意識を見出していった。それができないと、専門知へのしがみつきや風化につながるという指摘は納得できる。自分を非当事者の立場に置き続ける限り、対人援助の営みを双方向のものにはできない。どんなに薄くとも当事者意識のグラデーションのなかに自分の足場を見出そうとすることで、相手との人間的出会いが可能となる。その薄い当事者意識は、「当事者意識を感じられない」という独白から始まってもよく、自身を主語とした物語を語り始めることで産み出される。第二章の団による漫画「口先、指先」もこのことと関係しているような気がする。

宮崎は、東日本大震災のなかで大学の卒業式を行うことに強い抵抗感を持ち、心の底から卒業を祝うことができなかった。遠い土地で、命の危機にさらされている人々が大勢いるなか、卒業式「ごとき」に時間を費やすことに罪悪感すら持った。しかし、今回の原稿から、卒業式という四年間の学びと人生経験のひと区切りを喪失したのだと初めて思った。絶望を感じていた十八年間に対して、大学生活の四年間は、苦い経験も含めて未来に希望を持ち、酸いも甘いも噛み分けた大切で貴重な時間だった。しかし、四年間の思い出や経験、時間が、美容室を飛び出したあの時から止まっていることに気づいた。だからこそ、自分にも「復興」が必要なのだ。そんな人々がきっと全国に数知れずいるのだろう。それほど東日本大震災は私たちみんなに大きな影響を与えたのである。

専門家の専門家たるゆえんは、専門性の構築と同時にそれを脱構築していく力にある。それを可能にするには、他者と関わる当事者意識の立ち上げ、つまり主体的な私を物語化することが鍵となる。自分のなかにあるかすかな喪失や悼み、無力感や罪悪感を排除せずに抱きしめることからそれは始まるのだろう。今後の専門家教育に関わる重要な学びである。

文献

村本邦子・中村正（二〇一五）『大学院におけるサービス・ラーニングを取り入れたプロジェクト型教育の試み～「東日本・家族応援プロジェクト2011～2013」の成果と課題』立命館大学応用人間科学研究科発行

注一　分析の手法や結果の全体像をまとめたレポートを、別に作成した。レポートを参照されたい場合は、以下のメールアドレスを通じて共有する。メールアドレス：t.koshi0307@gmail.com

おわりに

　先日、久しぶりに神戸の町を歩いた。毎日のようにウクライナ戦争の映像を見ながら、阪神淡路大震災や東日本大震災の記憶を重ねていたことも影響してか、二十七年前の阪神淡路大震災の時の光景が重なって見えてしょうがなかった。そう口にすると、一緒に歩いていた息子がふと、「神戸に住むようになって思うのだけど、神戸の人たちってみんな心のどこかに震災体験を抱えていて、大変なことを生き抜いてきた誇りや神戸愛みたいなのがあることを感じるんだよね。震災後に生まれた若い子たちだってそうなんだ」と言った。彼は五歳の時に阪神淡路大震災を経験しているので、恐怖の記憶を持っているし、一週間後、支援物資をもって被災地に入ろうとする私に、大事にしていた消防自動車を提供してくれた。それは避難所で眼をくりくりさせた小さな男の子の手にわたったが、そんなかすかな記憶が彼の感受性を刺激しているのだろうか。商店街の店舗の案内ちらしにさえ当時のエピソードが書かれていたり、日常会話でも語られたりするのだそうだ。それを聞いて、プロジェクトに参加した神戸出身の院生たちのアンケートを思い出しながら腑に落ちるところがあった。

　思えば私自身は両親や学校の先生たちから戦争の記憶を聞かされてきた世代である。必ずしも歓迎していたわけではなかったが、そういった話はいつも心のどこかにあって、職業選択を含めた今の自分につながっている。「心のケア」が言われ始めた阪神淡路大震災から、マスコミでも戦争のトラウマについて語られるようになった。身近なところでもそんな話を耳にすることは増え、「自分たちは戦争を体験してきたから、こんなことぐらい乗り越えるのは何でもない」と言うのを聞いて驚き、「戦後の自分たちには誰も何もしてくれなかったのに、今の人たちはボランティアだとか言って助けてもらえてうらやましい」と言うのを聞いて何とも言えない気持ちになったことを思い出す。

このたびウクライナに取材に入ったジャーナリストが、ウクライナでもベラルーシでも人々は日本のことをよく知っていて、広島・長崎・福島のことを必ず口にすると驚いていた。二〇一九年に訪れたチェルノブイリ・ミュージアムでは、福島の原発事故に関する非常に丁寧な展示があり、「私達はあなたと共にいる。桜―私たちの姉妹。傷が癒されるように　祈りを捧げている。諦めないで！　あなたの兄弟　キエフ（ママ）の栗の木より」というメッセージを掲げていた。私も当時は驚いたが、福島の原発事故に自分たちの体験を重ね合わせ、とても他人事とは思えなかったのだと今では納得がいく。いまだに故郷双葉町に帰ることのできないみやぎ民話の会の目黒とみ子さんは、この話にいたく心を動かされ、原発事故の記憶とともに、この話をあちこちで紹介されていた。ロシア軍によるウクライナ侵攻が始まり、逃げ惑うウクライナの人々に十一年前の自分たちの姿を重ね、双葉町の広報にも思いを寄せている。私は、二〇一九年に訪れた時のウクライナの写真集を作って目黒さんにお送りした。二度と同じ姿では見られないであろう美しいウクライナの街やミュージアムの記憶を一人でも多くの人と共有したかった。

社会を大きく巻き込んだ破局は、そんなふうに個人の記憶を越え、集合的記憶として人々の心の奥底に蓄えられ、次に起きる破局と重ね合わされ、人々の気分や行動に影響を与える。災厄を避けられないものだとするならば、願わくば回避や無力感ではなく、共感とつながりの証で迎え入れたい。東日本大震災を中心においた私たちのプロジェクトが、過去の経験を呼び起こし、来たるべき災厄に向けて知恵を練り伝承するというテーマを浮き彫りにしたのも不思議ではない。生き延びた者たちは新たな出会いのなかで物語を更新し、語り継ぐが、死者たちは生きる者たちの物語に依存する。生者の物語から喪失や追悼が排除されるならば、社会の記憶は薄っぺらで過去に根差さない不安定なものとなり、豊かなはずの土壌からは栄養分も水分も吸収することができず、生命力は枯れ萎んでいくことだろう。土地に根を下ろして生きる東北の人々のように、喪失や死者とともに生きる術を学ぶことができたら、私たちはそれほど死を怖れなくてよくなるのかもしれない。

東日本大震災から十一年、プロジェクトでお世話になった方々も、やまもと民話の会を代表していた庄司アイさんや飯舘村の長谷川健一さんをはじめとして、次々と鬼籍に入られている。昨年末、震災遺構となった山元町中浜小学校を訪れると、映像のなかで庄司アイさんが小学校を描いた紙芝居を読んでくださった。長谷川健一さんともたくさんの映像でお会いすることができる。多くの人の力によって継承の努力が続けられている。そういった遺産を大切にしたいし、私たちも努力を続けたい。

本書は、執筆者で何度か編集会議を開き、互いに議論しながら作り上げたものである。よき仲間たちに恵まれたことに感謝する。これも東日本大震災が授けてくれた縁である。多くのことを教えてくださった東北のみなさんとその背後に延々とつながっているだろう祖先たち、私たちの活動を支えてくださったみなさんに感謝したい。活動をともにしてくれた仲間たちや大学院生たち、縁あって私たちの物語を記録する出版を支えてくれた編集者の中川原徹さんにも感謝する。

二〇二二年七月

村本邦子

共同執筆者略歴（五十音順）

藍原寛子（あいはら・ひろこ）
ジャーナリスト。元・福島県の地方紙記者。
後藤康夫・後藤宣代編（2020）『21世紀の新しい社会運動とフクシマ　立ち上がった人々の潜勢力』（分担執筆）八朔社ほか。（第五章）

鵜野祐介（うの・ゆうすけ）
立命館大学教授、学術博士、専門は教育人類学。
『センス・オブ・ワンダーといのちのレッスン』（港の人、2020）ほか。（第四章）

河野暁子（こうの・あきこ）
岩手県立大学宮古短期大学部准教授、臨床心理士。専門はトラウマ臨床。
村本ほか編（2015）『臨地の対人援助学―東日本大震災と復興の物語』（分担執筆、晃洋書房）ほか。（第三章、第六章）

団　士郎（だん・しろう）
家族心理臨床家・漫画家・立命館大学客員教授。
『家族の練習問題―木陰の物語１～８』（ホンブロック）ほか。家族心理臨床と創作マンガを融合した教材作成を試行中。（第二章）

中村　正（なかむら・ただし）
立命館大学教授。専門は社会病理学・臨床社会学。男性と暴力がテーマ。近刊『脱暴力の臨床社会学』（人文書院）ほか。（第八章）

増尾佳苗（ますお・かなえ）
大津赤十字病院　赤十字救護員　DMAT看護師　（第七章）

宮崎康史（みやざき・こうし）
南山大学社会倫理研究所特任研究員、博士（人間科学）、社会福祉士・精神保健福祉士。
『増補版　ダブル・ライフを生きる〈私〉――脱家族化の臨床社会学』（晃洋書房、2021）ほか。（第九章）

村本邦子（むらもと・くにこ）
立命館大学教授、学術博士。専門は虐待、暴力、災害、戦争などトラウマの臨床。
『周辺からの記憶――三・一一の証人となった十年』（国書刊行会、2021）ほか。（編者。第一章、第六章、第九章）

災厄(さいやく)を生きる
——物語(ものがたり)と土地(とち)の力(ちから)　東日本大震災(ひがしにほんだいしんさい)からコロナ禍(か)まで

2022年７月25日　初版第１刷発行

編　著　村本邦子
発行者　佐藤今朝夫
発行所　株式会社 国書刊行会
〒174-0056 東京都板橋区志村１-13-15
TEL 03 (5970) 7421　FAX 03 (5970) 7427
https://www.kokusho.co.jp
装　幀　真志田桐子
イラスト　団士郎
印刷・製本　三松堂株式会社

ISBN 978-4-336-07390-7